國語文閱讀素養

2 非連續性文本閱讀理解大提升

搭配
12年國教課綱
語文領域

第一線國中國文教師群
吳昌諭、林季儒、施錦瑢、黃淑卿、蔡思怡——編著

導讀

讀懂生活的閱讀好幫手——非連續性文本

選文出題／林季儒

在我們日常的生活與學習中，接觸到的文本可以分為「連續性文本」與「非連續性文本」兩大類。「連續性文本」的敘事性較強，通常用文字傳遞訊息為主，例如：故事、小說、散文、新聞等；而「非連續文本」則是概念性比較強，往往會以片段文字、表格或圖像來呈現資訊，例如：圖表、廣告、地圖、說明書等。

請想一想，你在生活與學習中有沒有發現「非連續性文本」的身影呢？其實有些場合常需要以「非連續性文本」來向人們傳遞訊息和表達想法，會更有效率也更吸引人，例如：餐廳裡的菜單、公告訊息的海報、搭車的購票系統……甚至我們課本裡的地圖、元素表、歷史朝代表、家庭關係示意圖等，都是和我們關係最密切的「非連續性文本」。

非連續性文本特色

這些「非連續文本」會受到人們的歡迎和廣泛使用，原因約有以下幾項：

一、資訊密集度高：在有限的篇幅裡可以容納的資訊量較高，讀者能在更短的時間裡獲得所需訊息的全貌。

二、結構清楚明確：通常以圖表、清單、地圖等方式合理安排訊息的層次，幫助讀者在視覺動線裡更有關聯性而輕易找到自己所需資訊。

三、跳讀選擇性高：常以主題或概念的方式組織想要傳達的訊息，讀者能輕鬆的依照需求快速跳讀，找到所需的關鍵訊息，而不必從頭到尾閱讀完整篇文本。

四、圖像化輔助力好：圖像本來就比文字更令人歡迎。使用符號、圖像、顏色等生動有趣的可視化元素，可以打破傳統文本的單調性並傳達更多細節，是這類文本最大的特色。

五、互動與記憶性強：因為圖像比文字更具吸引力也容易因為具有互動性與讀者產生共鳴，再加上人類大腦本能就更傾向於圖像化記憶，因此也是人們廣泛應用在生活與學習（如：魚骨圖、心智圖等）中的主要原因。

非連續性文本使用策略

雖然非連續文本資訊豐富、實用性高，但若是不能適當的掌握閱讀技巧，也可能會導致你誤解或遺漏了重要訊息。

不同類型的非連續文本（如表格、圖表、地圖、流程圖）都有其特定的閱讀方式，例如，閱讀地圖時，應著重於圖例、方向標示和地點名稱；閱讀流程圖時，應關注步驟的順序和決策點等，都是相當重要的閱讀小技巧。以下是你可以參考的「非連續文本」閱讀建議：

一、先確認文本類型：判斷是表格、圖表、地圖，還是流程圖，才能適當的選擇閱讀策略。這是我們理解非連續文本的第一步。

二、觀察標題與標籤：標題和標籤通常提供文本內容的概括性描述，有助於你快速理解文本的主旨和範圍。仔細閱讀標題和標籤，可以幫助你在短時間內建立對文本的基本認識。

三、找出關鍵資訊：非連續文本中的關鍵資訊包括表格的標題、圖表的數據標示、流程圖的起點與終點等。這些資訊是理解文本核心內容的關鍵，有助於你快速定位你的閱讀重點。

四、關注圖例與單位：忽略圖例和單位可能導致對數據甚至全文的解讀錯誤。請務必仔細查看圖例，確認顏色、符號所代表的意義，並留意數據的單位，監控自己的理解是否正確。

五、結合背景知識：若對數據或圖表內容不熟悉，可以先回過頭去了解相關背景資訊，以提升對此文本的先備知識和理解。例如，在閱讀社會科的臺灣經濟發展圖表前，先了解臺灣的歷史、政治和社會背景，就能幫助你更深入的理解圖表所呈現的資訊。

閱讀力即是戰力

大數據時代已經來臨，能快速吸引讀者的注意力、無需逐字閱讀就能處理大量訊息、能更有效傳達關鍵訊息的「非連續文本」已經無所不在。想要掌握「非連續文本」的關鍵分析能力嗎？想要建立自己在學業、生活乃至未來職涯發展上都至關重要的閱讀即戰力嗎？那就趕快翻開下一頁吧！

第 1 部

自我精進與規劃創新 核心素養面向①：自主行動

第 2 部

溝通表達與科技藝術 核心素養面向②：溝通互動

目錄

CONTENTS

第 3 部

社會文化及公民意識 核心素養面向③：社會參與

第1部

自我精進與規劃創新

核心素養
面向①
自主行動

01

防患未然，抗震不難

選文出題／吳昌諭

臺灣位於環太平洋地震帶上，地震發生頻繁，地牛翻身時，你知道要怎麼保護自己嗎？平時如何進行地震防災準備呢？擁有防災知識，以後遇到災害也能冷靜面對，保護自己和身邊的人！

災前準備

地震災害平時應先做好準備，可以與家人共同討論以下問題：

約定震後緊急集合地點：與家人事先討論並約定震後會合地點，例如附近的公園、廣場、空地或避難收容處所等。

查詢避難收容處所及避難路徑：可於各鄉（鎮、市、區）公所網站或消防署官方網站查詢簡易疏散避難地圖，以及查詢居家附近避難收容處所位置。

約定家人災後的聯絡方式：地震之後，可能造成通訊中斷而無法聯絡，因此事先約定好聯繫方式，以確保震後家人能得知彼此狀況。

準備緊急避難包：家裡需準備提供全家人緊急時預估三天份量的糧食與飲用水。除此之外，需要準備緊急避難包，裡面可裝緊急糧食飲水、醫療藥物及清潔用品、禦寒保暖衣物、貴重物品及少許零錢，其他如：哨子、防災地圖、手電筒、電池、打火機、瑞士刀、行動電源、充電器材等，也一併放入緊急避難包中，以備災時運用。緊急避難包建議放置於大門口或玄關附近等隨手可取得之處。

事先了解自家的風險：住家是否建築老舊，位於土壤液化帶、是否有瓦斯管線等等，如果自家風險較高，可以考慮搬遷，或視情況為自家投保地震險。

災時應變

地震發生的時候最重要的就是保護頭部、頸部避免受傷，應立即採「趴下、掩護、穩住」的動作，躲在桌子下時握住桌腳，形成防護屏障，避免受傷。或躲在牆角或柱子旁邊等地方避難，並小心家具、電器、燈具等掉落。

當你在家中：在客廳、餐廳、書房如果附近有桌子，盡可能躲在桌下（除了玻璃桌面以外），趴下、掩護、穩住，抓穩桌腳，保護自己。

在床上：請轉身趴下並隨手拿起枕頭保護頭頸，保持警覺，直至地震結束確認安全為止。

在浴室：不要急著離開廁所，把身體壓低，以臉盆或雙手保護頭頸部，注意玻璃、物品掉落，並保持彎腰狀態直到地震搖晃停止。

在廚房：立即隨手關閉爐火，注意傾倒的熱湯鍋碗掉落，並躲在桌子下，直到地震結束。

公共場所：不要慌張，找到可以「趴下、掩護、穩住」的穩固物，保護自身頭頸部安全。

戶外：地震時，戶外相對來說較室內安全，可拿起隨身物品保護頭頸部，隨時注意上方有無可能掉落的招牌、磁磚等。

車上：行進間車輛發覺當下發生地震時，請馬上安全減速，開啟警示燈，靠路邊空曠處停車，確認地震停止後再前進。

災後處理

餘震發生應變：地震過後可能會再伴隨餘震，而且震後已經受損的房子相當危險，請務必在地震停止後立刻離開，避免發生二次傷害。如果有人受困，請等候救難人員抵達救援。

地震過後資訊龐大且混亂，很容易以訛傳訛，因此建議從官方的公告管道獲取最新災情資訊。

確認家人是否平安：確認家人和家裡是否有人需要援助。

確認基本生活需求：儲存糧食、飲用水，維持生活需求。

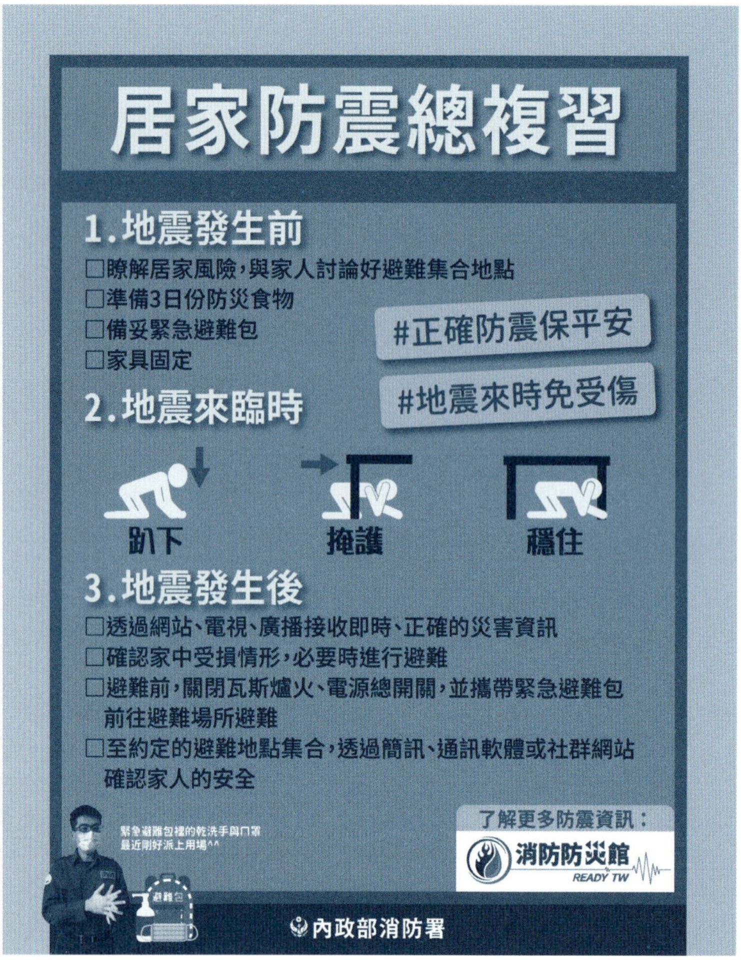

居家防震總複習
1.地震發生前
□瞭解居家風險，與家人討論好避難集合地點
□準備3日份防災食物
□備妥緊急避難包
□家具固定
#正確防震保平安
#地震來時免受傷
2.地震來臨時
趴下
掩護
穩住
3.地震發生後
□透過網站、電視、廣播接收即時、正確的災害資訊
□確認家中受損情形，必要時進行避難
□避難前，關閉瓦斯爐火、電源總開關，並攜帶緊急避難包前往避難場所避難
□至約定的避難地點集合，透過簡訊、通訊軟體或社群網站確認家人的安全
緊急避難包裡的乾洗手與口罩
最近剛好派上用場^^
避難包
了解更多防震資訊：
消防防災館
READY TW
內政部消防署

各種報平安的方法：以事前約定的方式聯繫，也可運用內政部消防署之「災區親友現況查詢」。

受傷急救：有人受傷時立刻打 119 請求救援，如會 CPR 急救術，可進行急救並等待支援；輕傷者可協助傷口簡易包紮。

（節錄改寫自：內政部消防署全球資訊網「防災知識一起——地震防災」，
圖片出自內政部消防署網站）

挑戰閱讀王

1. 臺灣位於環太平洋地震帶上，平時做好地震防災的準備，萬一遇到災害，也能保護自己和家人！請問下列何者並非正確的災前預防措施？

（A）備妥緊急避難包，準備足夠三日份量的食物飲水
（B）將家裡值錢的重物放在高處，避免地震時壓壞了
（C）牢牢固定好家具，避免地震時家具倒落造成危險
（D）事先做好防災計畫，約定震後家人緊急集合地點

2. 根據文本敘述，地震時建議採取「趴下、掩護、穩住」的動作，最主要目的為何？

（A）身體接近地面，減少地震時的恐懼感
（B）保護頭、頸部，預防家具掉落時受傷
（C）方便觀察周圍情況，以決定逃生動線
（D）保持身體平衡，可以降低暈眩不適感

3. 爸爸開車帶小威出門，路上剛好遇到地震發生，請問這時候下列哪種做法是正確的？

（A）立刻猛踩剎車，停在路中間等待
（B）應繼續行駛，避免影響後方車輛
（C）安全減速到路邊空曠處停車等候
（D）直接跳車逃難，尋找建築物掩蔽

4. 請閱讀下文，並回答問題：

康熙七年六月十七日戌刻，地大震。余適客稷下，方與表兄李篤之對燭飲。忽聞有聲如雷，自東南來，向西北去。眾駭異，不解其故。俄而几案擺簸，酒杯傾覆；屋梁椽柱，錯折有聲。相顧失色。久之，方知地震，各疾趨出。見樓閣房舍，仆而復起，牆傾屋塌之聲，與兒啼女號，喧如鼎沸。人眩暈不能立，坐地上，隨地轉側。河水傾潑丈餘，雞鳴犬吠滿城中。（節錄自：清・蒲松齡《聊齋誌異・地震》）

4-1. 從前文敘述可以得知，此次地震發生的時間是在何時？

（A）清晨　（B）上午　（C）下午　（D）晚上

4-2. 根據此篇古文敘述，下列哪種情況發生時最需要立即執行「抗震保命三步驟：趴下、掩護、穩住」？

（A）余適客稷下，方與表兄李篤之對燭飲

（B）忽聞有聲如雷，自東南來，向西北去

（C）俄而几案擺簸，酒杯傾覆；屋梁椽柱，錯折有聲

（D）眩暈不能立，坐地上，隨地轉側

4-3. 在此篇古文中，描述當時人們反應「久之，方知地震，各疾趨出」，其實真的碰到地震時這樣的做法是很危險的。依據正確的防災知識，下列何者應變順序才是正確的？

（甲）用手或隨身物品保護頭部和頸部，並躲到桌下或牆角

（乙）打開出入口的門

（丙）保持鎮定並關閉電源、瓦斯、自來水開關

（丁）等地震稍緩後，離開房子到空曠地區

（A）甲丙乙丁

（B）丙甲丁乙

（C）乙丙甲丁

（D）丁甲丙乙

答案：1.（B） 2.（B） 3.（C） 4-1.（D） 4-2.（C） 4--3.（A）

關鍵向度短文

臺灣地震發生頻繁，1999 年 9 月 21 日凌晨 1 點 47 分，臺灣發生規模 7.3 的「九二一大地震」。這場臺灣百年來最大的地震，造成慘重的災情，2400 多人喪生，11,000 多人受傷，失蹤 29 人，房屋全毀 5 萬多棟，財物損失達 3000 億臺幣。強震震裂了地表，亦震裂了無數家庭，也震痛每個臺灣人的心。

為哀悼地震逝世的民眾與警惕自然災害的威脅，政府於 2000 年訂立每年 9 月 21 日為「國家防災日」並舉行地震演習，以求災害來臨時能做好防護措施，將傷亡的可能降到最低。

地震不會消失，但我們可以提早準備。現在，希望透過同學的創意，推廣全民防災之觀念。請以「防災防震」或「國家防災日」為主題，進行創意標語設計。字數不超過 20 個字（不包含標點符號），中文、中英文並列或本土語諧音皆可。請發揮你的創意，設計出創意標語來！

主題：☐防災防震　☐國家防災日

標語設計（20 字以內，剩餘空間可闡述設計概念）：

延伸知識

地震規模（Magnitude）

指的是地震的大小，與釋放能量的多寡有關，所以不會有「級」來表示，每個地震只會有一個規模的數值，一般以芮氏作為標度。目前世界所通用的地震規模為芮氏規模，是美國地震學家芮氏（Richter）於1935年所創。

地震震度

震度是指地震時人們對於地面震動的感受程度，或物品因震動遭受破壞的程度，我們新聞常見的強度即為震度。臺灣目前採用由交通部中央氣象署制定之地震震度分級，以地動加速度與地動速度來區分，分為0級、1級、2級、3級、4級、5弱、5強、6弱、6強、7級，共10個等級。

參考資料

- 鄭博真、孫嘉蓮《啊！地震來了：抗震保命三步驟，趴下、掩護、穩住！》，五南出版
- 潘昌志、陳彥伶《地震100問：最強圖解X超酷實驗 破解一百個不可思議的地科祕密》，親子天下出版
- 【全民防災e點通】個人化防災系統：https://bear.emic.gov.tw/

02

衣服洗對了嗎？

選文出題／吳昌諭

「洗標」就是「洗燙處理標示」，或是我們常說的「洗滌標籤」。洗標是附在衣服上的小布條，以圖形符號來說明衣物的洗滌處理方式，標示是國際通用，有些還有簡易文字輔助。符號所表示的是處理衣物的最大限度，而不是建議做法喔！

洗標可以教你如何正確洗衣，避免不當洗滌把衣服給洗壞了。善待衣物就能延長衣物的壽命，不僅愛物省錢，也是一種環保愛地球的永續方式。

依據我國經濟部商業司對於洗標的規定與處理方法分類如下，分為水洗、漂白、乾燥、熨燙及壓燙、紡織品專業維護五類。

水洗

水洗	最高水洗溫度95℃，標準洗程序	最高水洗溫度70℃，標準洗程序	最高水洗溫度60℃，標準洗程序	最高水洗溫度60℃，溫和洗程序

最高水洗溫度50℃，標準洗程序	最高水洗溫度50℃，溫和洗程序	最高水洗溫度40℃，標準洗程序	最高水洗溫度40℃，溫和洗程序	最高水洗溫度40℃，極輕柔洗程序

最高水洗溫度30℃，標準洗程序	最高水洗溫度30℃，溫和洗程序	最高水洗溫度30℃，極輕柔洗程序	手洗，最高溫度不應超過40℃	不可水洗

漂白

漂白	可使用任何漂白劑	不可漂白	只可使用含氧／無氯漂白劑

乾燥

翻滾烘乾	可翻滾烘乾，使用一般溫度，最高排風溫度 80℃	可翻滾烘乾，使用較低溫度，最高排風溫度 60℃	不可翻滾烘乾

自然乾燥	懸掛晾乾	懸掛滴乾	平攤晾乾	平攤滴乾

在陰涼處懸掛晾乾	在陰涼處懸掛滴乾	在陰涼處平攤晾乾	在陰涼處平攤滴乾

熨燙及壓燙

熨燙及壓燙	熨斗底板最高溫度 200℃之熨燙及壓燙	熨斗底板最高溫度 150℃之熨燙及壓燙	熨斗底板最高溫度 110℃之熨燙及壓燙，且不應使用蒸氣	不可熨燙及壓燙

紡織品專業維護

紡織品專業維護	用四氯乙烯及所有編列於（F）字樣所使用溶劑的專業乾洗，並採標準乾洗程序	用四氯乙烯及所有編列於（F）字樣所使用溶劑的專業乾洗，並採溫和乾洗程序	用碳氫化物（蒸餾溫度在 150℃至 210℃之間，閃點在 38℃至 70℃之間）乾洗溶劑的專業乾洗，並採標準乾洗程序	用碳氫化物（蒸餾溫度在 150℃至 210℃之間，閃點在 38℃至 70℃之間）乾洗溶劑的專業乾洗，並採溫和乾洗程序

不可以專業乾洗	專業溼洗，並採標準溼洗程序	專業溼洗，並採溫和溼洗程序	專業溼洗，並採極輕柔溼洗程序	不可以專業溼洗

（圖文引自：經濟部商業司「織品標示基準洗燙處理方法之洗標圖案」）

挑戰閱讀王

1. 根據本文中關於「洗燙處理標示」的說明，下列何者正確？

（A）洗標除了說明洗滌方式，也說明衣物適合的晾晒、烘乾及熨燙方式

（B）洗標就是買衣服時候掛上的小標籤，上面標示尺寸、價格、材質等

（C）洗標所表示的就是處理衣物的標準程序、規定，請消費者務必遵守

（D）我國洗標處理方法的分類，分為水洗、熨燙、漂白、乾燥及收納

2. 小丸子趁著百貨公司週年慶新買了一件衣服，掀開衣服內有「 」標誌。依照我國洗滌標誌，請問何種處理方式較不恰當？

（A）表示這件衣服建議最高以 30℃水溫溫和洗淨

（B）表示這件衣服建議不可以漂白

（C）表示這件衣服建議需在陰涼處平攤晾乾

（D）表示這件衣服建議可以用最高 150℃熨燙

3. 衣服是重要的民生必需品，但背後也是資源的耗費。右圖文字雲是生產一件棉質 T 恤所需要的資源與產生的廢棄物。根據右圖，請問下列敘述何者為非？

（A）原料需要 226 公克的棉花

（B）會產生 7 公斤的二氧化碳（CO2）

（C）縫製時達攝氏 60 度的高溫

（D）過程耗費 2700 公升水資源

4. 閱讀此段古文，請問哪個敘述何者最為合適？

臺人婦女濯衣裳甚勞，不問河水、池水，苟有水則洗濯衣類。今視其方，跪坐水邊，形如膝行。或磨擦石面、或棍棒打之，洗又洗、打又打，至微無塵垢而後止，其精苦可想矣。獨惜不擇水質而洗之，乾燥之後，尚帶異臭，是可厭耳。（節錄自：佐倉孫三《臺風雜記》）

1. 苟：如果、假設。

（A）臺灣婦女通常是拿水桶取水回家去洗衣服

（B）臺灣婦女通常是以敲打、摩擦石頭來洗衣

（C）臺灣婦女很早就懂得加清潔原料來洗衣服

（D）衣服洗完還有臭味的原因是婦女不夠努力

答案：1.（A） 2.（D） 3.（C） 4.（B）

關鍵向度短文

快時尚（Fast Fashion）是指快速生產並跟上流行趨勢的服裝品牌，以低價、快速生產和大量供應為特色，滿足市場對潮流服飾的需求。它的優點是價格便宜、款式新穎，消費者能選擇更多樣且更便宜的商品，對愛追求時尚的年輕人來說，這是一個很好的選擇。

然而，快時尚也有其問題。為了降低成本，這些品牌可能使用便宜的材料，衣服較不耐穿，同時尚助長過度消費，造成大量衣物浪費。有些甚至為了大量生產降低成本，進而剝削低薪勞工。另外，快速生產也會消耗大量資源，釋放大量碳排放，加速全球暖化，聚酯纖維製造過程可能還有化學廢棄物，對環境造成了嚴重的負擔。

究竟快時尚是好？是壞？這裡我們透過《150年歷史的哈佛寫作課祕訣》書中提出的「OREO思考法」，幫助你整理想法。「OREO」指的是英文Opinion（意見）、Reasons（理由）、Example（例子）、Opinion（意見）。

現在請以「快時尚」為主題，利用「OREO思考法」來整理你的觀點。

Opinion 意見

開門見山，直接提出你的觀點或立場

Reasons 理由

提供支持你觀點的理由或論據

Example 例子

舉出具體的例子來強化你的論點

Opinion 意見

最後重申你的觀點加強論述，或給予實際建議

延伸知識

天然纖維

取之於自然的纖維的總稱。動物纖維如羊毛、蠶絲，植物纖維如亞麻、木棉，礦物纖維如石棉等。

聚酯纖維（Polyester，簡稱 Poly）

又名滌綸、PET 纖維、Tetoron、特多龍、達多龍，是三大人造纖維（聚酯纖維、尼龍纖維、彈性人造纖維）之一，也是目前最廣為應用的合成纖維。

參考資料

- 張瑞夫《溫馨提醒：洗衣服請記得拿 我和萬秀的成長故事！》，時報出版
- 莎拉．克麗基《永續時尚，穿出你的風格與價值！：圖解 68 則關鍵知識和實用技巧，讓你的衣服穿得更巧、買得更少》（劉佳澐 譯），漫遊者文化
- 齋藤孝浩《UNIQLO 和 ZARA 的熱銷學：快時尚退燒，看東西兩大品牌的革新與突破（修訂版）》（林瓊華 譯），商業周刊出版

03 動滋動滋 YOUNG 起來

選文出題／林季儒

教育部體育署 114 年度青春動滋券 1 月 1 日起開放領用，符合資格者可至動滋網領取青春動滋券。

青春動滋券可以用在哪裡呢？主要可使用在「做運動」、「看比賽」相關服務。可到國民運動中心、游泳池、羽球館、健身房等運動場館揮灑汗水，享受參與運動的暢快淋漓，參加運動課程及租賃運動設備（如：自行車、運動裝備租借等）皆屬於「做運動」的範疇；亦可親臨現場感受職業運動明星的魅力，購買職棒、職籃等運動賽事票券（含購買賽事現場的周邊或應援商品）及訂閱運動轉播服務等屬於「看比賽」的抵用範疇。

體育署鼓勵大家可以在閒暇之餘，透過「做運動」、「看比賽」放鬆身心，讓運動增添青春歲月的美好回憶。

體育署鼓勵合作店家及縣市政府推出加碼優惠活動，搶攻青年運動商機。例如：高雄市政府運動發展局將延續 113 年推動模式，持續推出「運動雄青春好禮大方送」方案，推出百件好禮，不限金額、次數，只要使用青春動滋券在高雄合作店家消費，即獲抽獎資格，定期抽出好禮，吸引青年朋友到高雄「動滋動滋」，帶動產業發展；也將主動出擊跟青年互動，走入校園宣導青春動滋券，營造城市運動氛圍。

為提升民眾使用的便利性，114 年度青春動滋券將簡化民眾及合作店家登記、抵用流程，民眾填寫基本資料，並通過健保卡號驗證後，即可通過簡訊驗證碼領券。此外，為加強保障民眾的個資安全，本年度「我的青春動滋券」使用期限縮短為 1 小時，如：QR Code 或付款碼超過使用期限，需重新領券再消費抵用。青春動滋券僅限本人使用，禁止盜領、轉售、購買等非供本人自行使用行為，請民眾妥善保存

個人資料，以保障自身權益。

體育署鼓勵青年朋友積極參與體育活動和觀賞運動賽事，從 112 年起每年常態性發放 16 歲至 22 歲的民眾每人 500 元青春動滋券，領用方式、優惠店家資訊等，請上動滋網查詢，或撥打客服專線 02-77523658 洽詢。

【注意事項】

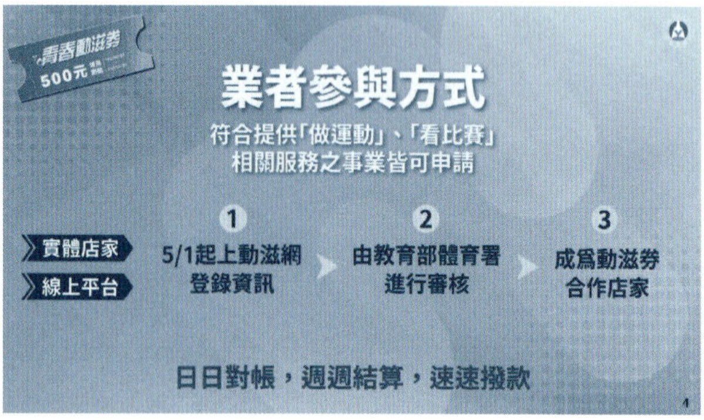

（一）114 年度領取資格為 114 年 1 月 1 日至 12 月 31 日期間，使用期限至114年12月31日。

（二）青春動滋券限本人使用，禁止轉售、購買等非供本人自行使用或違反規定之行為，並請妥善保存個人資料，以避免遭有心人士盜用。

（三）青春動滋券抵用後不得退還、要求商家使用現金找零，亦不得另再兌換成等值之現金，若違反青春動滋券使用規範，本署將終止民眾領券抵用權利。

（節錄自：教育部體育署新聞稿）

挑戰閱讀王

1. 根據教育部 114 年動滋券的新聞稿中，體育署對於使用青少年動滋券的使用說明，下列敘述何者正確？

（A）發放年齡：出生日期於 92 年初至 98 年底的國民皆可使用

（B）領用期間：114 年 01 月 01 日凌晨至 115 年 01 月 01 日午夜止

（C）使用範圍：符合「做運動」、「看比賽」等服務都可以，唯獨購買周邊產品不包含在內

（D）注意事項：本年度動滋券使用期限縮短為 1 小時，是為方便商家作業流程

2. 體育署也希望縣市政府和合作店家能積極配合推廣動滋券。請問下列何者不是體育署的建議？

（A）鼓勵縣市政府與合作店家推出加碼優惠活動，吸引更多人參與活動

（B）期待校園內可以進行青春動滋券的宣導，培養學生關注運動的習慣

（C）為了跨大使用範圍，歡迎將自己的動滋券分享親友，以免造成浪費

（D）為鼓勵店家申請成為合作夥伴，進行作業流程簡化

3. 很多商家為了響應動滋券設計了推廣活動，你覺得哪一個商家的廣告詞最符合前文的建議？

（A）體育用品社：「動滋券放大攻略！消費滿 500 加碼變 1000 ！」

（B）自行車出租店：「開學租車大折扣！動滋券餘額還可以找零！」

（C）看職棒：「動滋券購票享好康！用到下一年度都沒問題！」

（D）電影院：「運動明星主演！一張動滋券欣賞絕佳球技！」

4. 請閱讀這段短文後，回答問題：

SH150 方案，S 代表 Sports，H 代表 Health，為培育學生運動知能，激發學生運動動機與興趣，養成規律運動習慣，奠定終身參與身體活動的能力與態度，體育署依據國民體育法第 14 條之規定，推動「學生每週在校運動 150 分鐘方案」。藉由法規的修正，明訂學生在校期間應安排學生在校，除體育課程時數外，每日參與體育活動之時間，每週應達 150 分鐘以上。冀望由晨間、課間、空白課程及課後時間增加身體活動，帶給學生活力、健康與智慧。

（節錄整理自：〈SH150 方案〉教育部體育署）

4-1. SH150 方案是體育署近年的重大教育政策，學校為了響應此政策提出一些新規定，請問下列何項規定最不符合以上說明？

（A）朝會中減少師長宣導，把時間留給全校學生做健康操

（B）規劃全校學生每週有三堂 50 分鐘的體育課

（C）學校的彈性課程可以規劃走讀活動，增加運動機會

（D）放學後開設運動性社團，鼓勵學生參加

4-2. 請問除了學校安排的課程之外，你能想想如何妥善規劃時間進行 SH150 嗎？請問下列哪一個選項可能是最適合的規劃？

（A）下課時去校園散步快走，同時進行肢體伸展，強化肌耐力

（B）雖然不是體育課，也可以要求老師讓同學去操場打球，增加時長

（C）剛吃完午餐是運動最好的時間，可以百米衝刺短跑，提升肢體協調力

（D）打掃時間很適合進行團體球類運動，增強運動時的默契與協作力

答案：1.（A） 2.（C） 3.（A） 4-1.（B） 4-2.（A）

關鍵向度短文

在臺大醫院的健康電子報中有提到「兒童及青少年適合的居家運動」，這些運動都非常適合我們在生活中執行呢！分別有以下幾種：

1. 心肺適能：跑步、快走、籃球、腳踏車都屬於此類；

2. 肌肉適能：啞鈴、彈力帶、自身重量阻力訓練都屬於此類；

3. 骨骼強化：跳繩、網球、籃球、跑步都屬於此類。

請問你覺得自己的運動量夠嗎？符不符合 SH150 方案呢？今天我們就來盤點自己的運動量吧！請製作一張一週的運動量記錄表，看看自己哪裡還可以再增強？並邀請家人和朋友和你一起運動吧！

運動時間	心肺適能／肌肉適能／骨骼強化	符合 SH150	我想邀請＿＿＿＿／運動項目
週一			

週二			
週三			
週四			
週五			
週六			
週日			

延伸知識

體適能（Physical Fitness）

可定義為身體適應日常生活與外在環境（如溫度變化、氣候影響或病毒侵襲等因素）的整體能力。體適能良好者在日常活動或工作中，進行體力勞動或運動時，能展現較佳的活力與適應力，不易感到疲勞或力不從心。

健康體能（Health-related Fitness）

指的是人體各器官與組織，如心臟、肺部、血管和肌肉等，皆能正常運作，使個體具備應對日常工作、享受休閒活動及處理突發狀況的能力。體能狀況可透過測量評估，並能透過規律的身體活動或運動加以改善。健康體能涵蓋四大要素：心肺耐力、肌力與肌耐力、柔軟度以及身體組成（體脂比例）。

參考資料

- 教育部體育署動滋網
- 衛生福利部國民健康署網站〈您的孩子今天運動了嗎？談兒童與青少年運動〉
- 教育部體育署體適能網站〈體適能指導〉

04 近五年來水庫觀光人次

選文出題／施錦瑢

水庫早期係以蓄水、發電、防洪為建設目標，近年來除供給民生用水外，更成為觀光遊憩的場所。觀察 2023 年水庫觀光遊憩區遊客人次總計 9,290.83 千人次，其中以日月潭水庫 3,328 千人次為最多（占 35.82%），其次為澄清湖水庫 1,676 千人次（占 18.03%），蘭潭水庫 1,609 千人次（占 17.32%）則位居第三，三者合計約占總遊客人次約七成一左右。

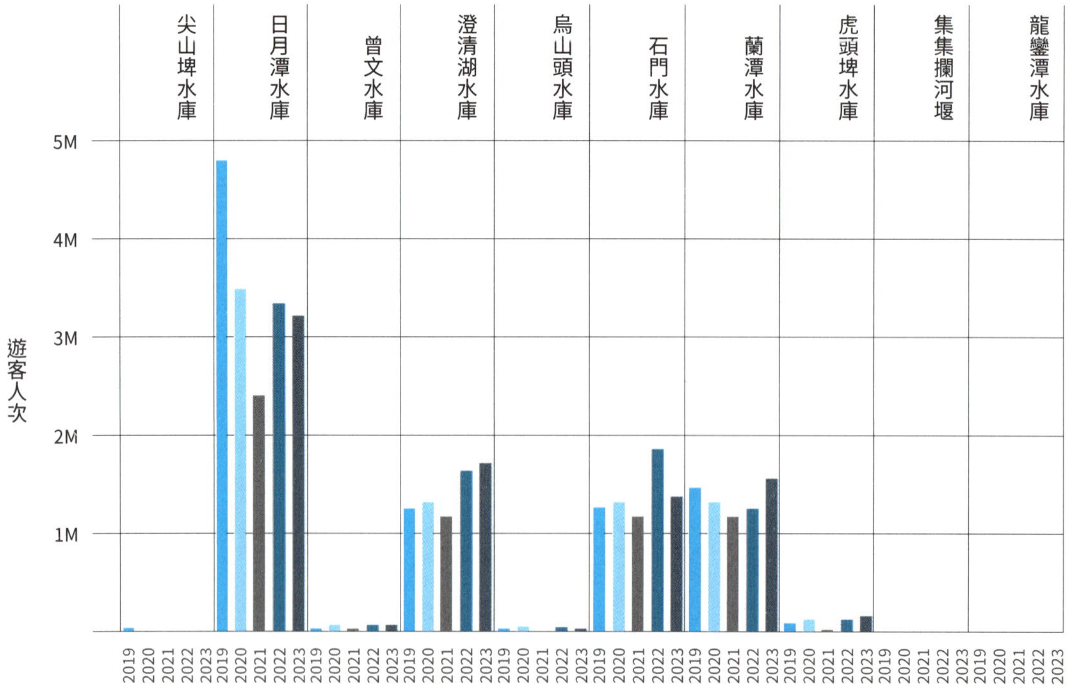

觀察近五年遊客人次成長率變化情形，2020 年及 2021 年因受新冠疫情影響致遊客總人次分別較 2019 年減少 12.84% 及 31.86%。2022 年因民眾逐漸接受與疫情共存的生活型態，遊客人次漸漸回復，該年遊客人次達到最高點，2023 年則陸續有國人出國旅遊，致遊客人數略有減少。2023 年澄清湖水庫較 2019 年增加 35.11 萬人次（26.51% 為）最多，其次為蘭潭水庫增加 16.43 萬人次（11.37%）；另集集攔河堰、日月潭水庫、尖山埤水庫及龍鑾潭水庫遊客人次相較 2019 年則為負成長。綜觀 2019 年至 2023 年遊客人次，日月潭水庫、石門水庫、澄清湖水庫及蘭潭水庫遊客人次皆達百萬人次以上，顯示水庫觀光遊憩區因景色優美已成為民眾出外遊玩的選擇之一。

（圖文節錄自：經濟部水利署網站「歷年統計資料主題式圖表查詢」〈近五年來水庫觀光人次〉）

挑戰閱讀王

1. 暑假期間，學校規劃校外教學活動參觀臺灣的水庫，並讓學生們討論到觀光遊憩的重要性。請根據文本，說明為什麼水庫除了供應民生用水外，近年來也成為觀光的好選擇？

答案：

如果學校舉辦「水庫觀光推廣」活動，以促進 SDGs 第 6 項目標「確保所有人都能享有水、衛生及其永續管理」的實現，你會選擇哪一座水庫作為主題，並說明理由？

理由：

2. **綠意環保團體發現，近年來水庫遊客增加後，當地生態環境開始惡化。他們主張應該減少水庫遊憩區的發展。如果你是觀光業者，以下哪種回應最能兼顧觀光與環境保護？**

(A)「水庫觀光帶動經濟發展，環境問題不應成為阻礙。」

(B)「政府應該提高門票價格，讓只有高端旅客才能來，減少汙染。」

(C)「應該推動『生態旅遊』，讓遊客參與環保活動，如淨山、低碳旅遊。」

(D)「關閉部分水庫遊憩區，限制遊客進入，以確保生態平衡。」

3. 文章提到 2022 年水庫的觀光人數回升，主要是什麼原因？

（A）水庫新增了更多的遊憩設施

（B）民眾逐漸接受與疫情共存的生活型態

（C）國際觀光重新開放，吸引了更多外國遊客

（D）水利署推動了水庫免費入園政策

4. 未來新聞記者正在撰寫一篇關於水庫遊客變化的報導，以下哪一個標題最符合文章數據趨勢？（複選題）

A.「水庫觀光人氣持續攀升，2023 年創歷史新高！」

B.「新冠疫情衝擊結束，水庫遊客數全面回升！」

C.「國人出國旅遊增加，水庫遊客人數略減！」

D.「水庫旅遊不再受歡迎，遊客人數暴跌！」

答案：2.（C） 3.（B） 4.（B）（C）

關鍵向度短文

水庫除了提供民生用水，也成為旅遊勝地。但遊客增多可能帶來環境汙染與生態破壞。請以「如何兼顧水庫觀光與環境永續發展」為主題，提出你的看法與解決方案。

____

____

____

參考資料

- 「輕旅行」網站〈8 座台灣秘境水庫懶人包！造訪台灣最「水」的風景〉
- 節約用水資訊網〈珍惜水資源〉

05

冷水游泳，好處超多？

選文出題／施錦瑢

冷水游泳在北歐越來越受歡迎，例如英國藍雀開放水域冷泳社團偏好在冰冷冬季潛水，而非熱帶海灘。知名人士包括演員凱特溫斯蕾（Kate Winslet）和美國演員兼導演布萊德利庫柏（Bradley Cooper）也投身這種運動，令大眾為之關注。

論文第一作者、挪威北極大學的生理學家莫瑟（James B. Mercer）回顧了 104 項冷水游泳研究，他說：「從來沒有人說冷水游泳運動不好，愛好者堅信這是世界上最棒的運動。」

但莫瑟補充道，有關冷水游泳的健康效益相當難以評估，原因之一是多數相關研究的規模較小，受試者普遍健康且水溫和鹽度差異很大。研究人員難以確定冷水游泳是否有好處，或者是積極的生活方式和社交等因子帶來了益處。

英國朴茨茅斯大學的生理學家馬西（Heather Massey）說：「宣稱的大多數健康效益都沒有證據支持，或者只有很薄弱的證據。」她除了共同撰寫過多篇關於冷水游泳的論文，還曾游過英吉利海峽，並參與競技性「冰水游泳」（水溫低於 5℃）。

冷水游泳的愛好者例如英國倫敦大學學院生殖研究員、月經和更年期調查的第一作者哈波（Joyce C. Harper）堅稱：「那種興奮和隨後的平靜感是無可替代的。我最近在一個半結冰的湖裡游泳，笑得停不下來。」她補充道，當水溫過高，這種運動就「失去了一些刺激」。

關於冷水游泳的益處、爭議與風險，重點整理如下：

主題	內容摘要
歷史背景	早在公元前 400 年，希波克拉底（Hippocrates）即提及冷水游泳有助於緩解疲勞。
健康益處	1. 情緒與心理健康改善： ① 2024 年《產後生殖健康》調查顯示，冷水游泳有助於緩解與月經、更年期相關的情緒波動。 ② 更年期受訪者中：47% 焦慮減少，30% 熱潮紅減少，20% 夜間盜汗減少。
	2. 生理健康潛在益處： ① 可能緩解肥胖、心血管疾病、發炎、肌肉痠痛和糖尿病。 ② 幫助身體適應其他壓力源，減少焦慮與憂鬱症，能提升整體專注力與警覺性。
風險與注意事項	可能風險包括：體溫過低、溺水、心律不整。
	建議有健康問題者應事先諮詢醫生，並遵循「慢慢適應、不單獨進行」的原則。

（節錄整理自：《科學人》2024 年 9 月號第 271 期〈冷水游泳，好處超多〉，葛林斯潘〔Jesse Greenspan〕撰文，科學人編輯部譯）

挑戰閱讀王

1. 根據文章報導內容，冷水游泳的潛在好處有哪些？請選擇最符合原文的選項。

（A）科學研究已經證明冷水游泳可以有效改善憂鬱症、降低體脂率、減少炎症，並且是目前最健康的運動方式之一

（B）雖然有許多冷水游泳愛好者認為這種運動可以改善情緒、減輕焦慮、緩解疼痛，但目前的研究證據有限，尚未能完全證實這些說法

（C）只要定期進行冷水游泳，無論年齡或健康狀況如何，都能夠顯著提升免疫力，並有效預防心血管疾病和糖尿病

（D）冷水游泳雖然有一定的心理與生理效益，但它的唯一缺點就是需要適應低溫，沒有其他風險問題

2. 冷水游泳可能帶來哪些風險？以下哪個選項的描述最完整？

（A）冷水游泳的唯一風險是水溫太低時可能會讓人感到不適，但適應後就沒有問題

（B）主要風險是水溫低於 5°C 時，身體會變得遲鈍，無法游泳，因此應該避免在這種環境下游泳

（C）冷水游泳可能導致體溫過低、溺水和心律不整，特別是對有健康問題的人而言可能存在嚴重風險，應在醫生建議下進行

（D）文章並沒有提到冷水游泳有任何風險，因此它是一種完全安全的運動，適合所有人嘗試。

3. 青春國中今年報名參加專題探究的比賽，參賽同學選定游泳此運動項目作為研究的方向。根據文章，如果想要進一步判斷冷水游泳的效益，同學們應該如何查證才是正確的做法呢？

（A）在網路論壇上搜尋「冷水游泳好處」，然後相信最多人留言的說法

（B）閱讀不同來源的科學期刊，分析研究數據，並比較專家的不同

觀點

（C）只相信冷水游泳愛好者的說法，因為他們才是真正的實踐者

（D）問問師長與同學們的意見，看看大家是否覺得冷水游泳對健康有幫助

4. 文章提到「冷水游泳可能減輕更年期症狀」，如果你要設計一項科學研究來驗證這個說法，你應該怎麼做？

（A）讓一群人每天進行冷水游泳，然後記錄他們的感受，看是否有人覺得症狀減輕

（B）找一群有更年期症狀的女性，隨機分成兩組，一組參與冷水游泳，一組不參與，並在幾週後比較兩組的身心變化

（C）訪問一位經歷更年期的女性，問她是否覺得冷水游泳有幫助，然後用她的回答來做結論

（D）只要找到幾個冷水游泳愛好者，他們的經驗就足以證明這項運動的健康效益

答案：1.（B） 2.（C） 3.（B） 4.（B）

關鍵向度短文

冷水游泳在北歐變得流行，甚至成為一種挑戰極限的運動。如果你可以創造一種獨一無二的極限運動，它會是什麼？請用約 100 – 200 字描述你的發明，並說明這項運動的特色、好處與挑戰，以及為什麼人們會想嘗試它！

題目：我發明的「新型極限運動」！

延伸知識

冷水游泳

冷水游泳是指在低於 15°C 的水中游泳，這項活動在北方國家如芬蘭、瑞典和俄羅斯等地有著悠久的歷史。這些地區的居民通常在冬季進行游泳，並將其視為一種傳統和文化活動。

在許多文化中，冷水游泳不僅是一項運動，還是一種社交活動。例如，在俄羅斯的洗禮節（Epiphany）期間，許多人會在冰冷的水中游泳，以慶祝這一傳統。這種活動不僅增強了社區的凝聚力，也促進了人們對健康生活方式的重視。

參考資料

- 「BBC NEWS 中文」網站〈健康小知識：有關冷水浴 你可能想像不到的益處〉
- 「NOW 健康」網站〈緩解女性更年期症狀冷水游泳有效 改善焦慮情緒最顯著〉
- 張雨亭編譯〈不只痛快 戶外冷泳抗憂鬱還燃脂〉，《康健雜誌》網站
- 元氣網〈在冷水中游泳可能弊大於利？人體浸泡冷水中一分鐘內就有反應〉

06

認識月經

選文出題／黃淑卿

月經，一個 50% 的人都會經歷的生理現象，卻深刻的影響著這片土地上的每一個人。無論你是否會親自經歷月經，你的身邊，一定有一個你愛的人，曾經歷過月經。

月經是人類、靈長類動物、還有少數蝙蝠和象鼩獨有的生理現象，會從青春期第一次出現， 一直到更年期，陪伴著大部分的生理女性度過近 40 年的時光。

人類月經的週期長短是以月經來潮的第一天，一直到下一次月經前的前一天為基準。普遍是 28 至 35 天，但也有些人是三個月才循環一次；每一次經血來潮會持續 5 至 7 天。

階段	生理狀況
月經期	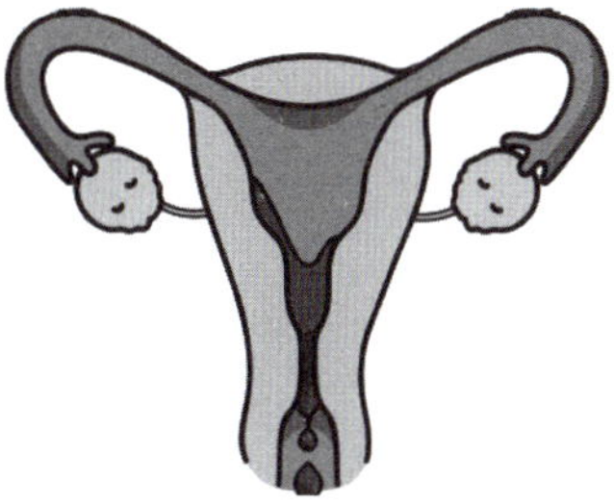 內膜脫落，看見經血

階段	生理狀況
濾泡期	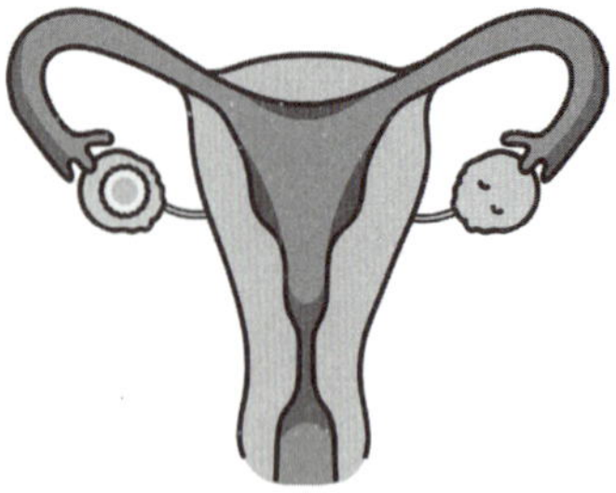 濾泡成熟，子宮內膜增生
排卵期	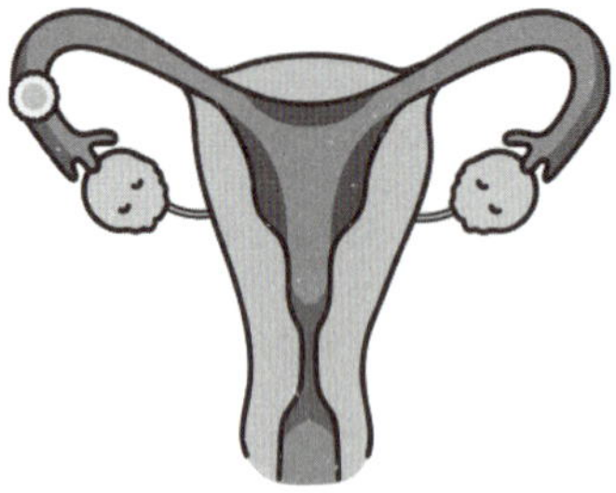 卵子排出
黃體期	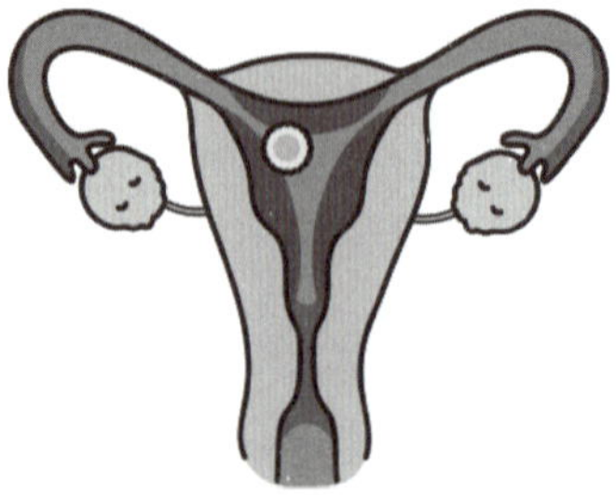 卵泡吸收，轉為黃體

月經來潮的時候，人體大約會流出 30 至 80 毫升的經血，跟一罐廣告顏料到一瓶養樂多的量差不多。

經血的質地基本上跟血相同，偶爾會比較黏稠一些，因為它的成分除了有血，還有剝落的子宮內膜、陰道分泌物等；有時也會因為血小板凝固了血液，而出現血塊，純屬正常現象。經血顏色百百種，從淡粉色、鮮紅色到暗褐色都有，有時血色比較深，是因為血氧化了。

月經貧窮

月經貧窮（Period Poverty）泛指人們因為經濟上的困境，以致於無法有尊嚴的負擔足夠且合適數量的生理用品及衛生設備，或缺乏取得管道，因而對生理與心理造成如陰部感染、骨盆炎、嚴重憂鬱、焦慮等負面影響的一種社會現象。它是一個跨文化、國界皆存在的難題，卻長期被忽略，甚至被誤認為是只有經濟相對弱勢的國家才需要面對的課題。

根據世界銀行（World Bank）2021 年統計，全球約有高達 5 億人口正在經歷嚴重的月經貧窮。在較為嚴峻的案例裡，則有數以萬計的孩童、青少女，因正值經期，又沒有辦法負擔生理用品，以致無法上學接受教育，加劇了不同生理性別間的不平等；或是因此造成疾病、感染，以致陷入弱勢惡性循環中。

在紐西蘭，每 12 個學生，就有一個因月經貧窮而曠課；日本有 8.1% 的人，因月經貧窮而備感壓力。而在臺灣，根據小紅帽的調查顯示，約有 9% 的人，曾陷入月經貧窮的困境，在購買生理用品與其他日常必需品中，出現兩難的窘境；更有 14% 的人，因無法負擔購買生理用品所需的花費，而長期感到壓力。

月經汙名

月經汙名化（Period Stigma）泛指任何因為月經而產生的社會禁忌（Taboo），與其衍生的避諱風氣和羞辱行為。其中包含將月經視為不潔的、羞恥的事，或是將月經視為不得於公開場域談論的話題，以及生理女性在經期時不得參與宗教儀式、文化習俗與日常活動的原因等。

月經不平等

月經不平等（Period Inequity）泛指人們因為受到月經這一項特定生理性別獨有的先天生理現象影響，而在不同層面產生不平等的狀況，甚至因此造成部分原先就身處弱勢的人，其弱勢情形更加惡化的現象。

月經不平等的討論與涉及範疇十分廣泛，常見的討論包含月經稅（生理用品加值營業稅）、公共場域提供生理用品、生理假等。生理用品目前在許多國家都仍被列為與衛生紙等民生必需品不同的「非必需品」，並且被徵收不同稅率的稅收——統稱「月經稅」。

（節錄改寫自：社團法人全球小紅帽協會官網〈認識議題〉https://www.withred.org/issue）

挑戰閱讀王

1. 世界上僅有 1.5% 的哺乳類動物會有接近每月週期性出血的生理期，下列哪一種生物和人類不一樣，並不會經歷這種「月經週期」？

（A）紅毛猩猩

（B）台灣獼猴

（C）象鼩

（D）狗

2. 小玉最近經常因經期不規則而感到困擾，她想了解自己的月經週期。根據文中表格的週期說明，若她的週期過長，可能是下列哪一階段延長所導致？

（A）月經期

（B）濾泡期

（C）排卵期

（D）黃體期

3.「月經汙名化」泛指任何因為月經而產生的社會禁忌，與其衍生的避諱風氣和羞辱行為。至今世上仍普遍存在著，而下列何種行為不屬於月經汙名化？

（A）在尼泊爾部分區域正值經期的女性會被要求住在月經小屋中，不得踏入家門

（B）全球為了不直呼月經本名，將月經及其相關現象、物品所取的代稱高達 5000 多種

（C）在大多數的生理用品廣告與媒體報導中，皆是以藍色液體來代替紅色經血

（D）在臺灣，約有 14% 的人因無法負擔購買生理用品所需的花費，而長期感到壓力

4. 根據文章內容，下列哪一項描述是正確的？

（A）經期的血液應該是鮮紅色的，顏色深或流出血塊時，代表身體不健康，應盡速就醫治療

（B）生理用品被列為「非必需品」，弱勢族群無法購買，造成失學、疾病、感染等，導致更弱勢的惡性循環中

（C）已開發國家如：日本、紐西蘭等國民收入高、社會福利好，月經貧窮狀況不再發生

（D）所有生理女性的月經量都是一樣的，每次月經的量也一樣，會流出 30 至 80 毫升的經血

答案：1.（D） 2.（B） 3.（D） 4.（B）

關鍵向度短文

從古至今人們對月經有著許多的忌諱或迷思，為了破除月經汙名化、弭平月經不公平，也為了讓女性更了解自己的身體，學校應該提供月經教育。你認為男性也需要學習月經課程嗎？為什麼？如果開設月經教育課程，你認為應該涵蓋哪些主題？

請就以下五個關鍵詞，串成一小段文字，寫出你的看法。

關鍵詞：迷思、同理、忌諱、弱勢、經驗

延伸知識

月經的五千種名字

根據月經週期紀錄 app Clue 與國際婦女健康聯盟（IWHC）在全球 190 個國家的統計，全球為了不直呼月經本名，而幫月經及其相關現象、物品所取的代稱高達 5000 多種！在臺灣，根據小紅帽的統計，也有超過三十多種不同的代稱，最常聽見的不外乎：那個來、好朋友、大姨媽。

在其他國家與文化中，「月經來了」也有各式各樣由歷史事件、經血顏色、經期狀態衍伸而成的說法，例如：日本「黑船來襲」、法國「英軍登陸」、德國「草莓週」、南非「阿媽在塞車」、澳洲「鯊魚來了」等。

月經小屋

在尼泊爾部分區域，長久以來有人相信月經是不潔、不純淨、會帶來厄運，因此衍伸出了一種月經禁忌（menstrual taboo），稱為 छाउपडी（Chhaupadi）月經小屋。

在這樣的月經禁忌之下，正值經期的尼泊爾女性會被要求住在月經小屋（menstruation hut）中，不得踏入家門，也不得加入任何家庭、社區活動，甚至不得觸碰到任何人，尤其是男性與孩子，以免將厄運傳給他人。月經小屋除了限縮了人們行動與身體的自主權，更使得許多青少女因此而無法上學接受教育、被迫缺課，或在青春期後輟學離開了學校。

儘管尼泊爾最高法院已經在 2005 年宣布這項習俗違法，國會也在 2017 年國會通過廢止這項習俗的法案，但現今仍有許多家庭在持續施行著這個傳統。這不僅是尼泊爾特有的月經禁忌，類似傳統也存於印度，以及過往的日本。

傳說中的藍色經血

在大多數生理用品廣告與媒體報導中，皆是以藍色液體來代替紅色經血。2019 年澳洲衛生棉廠商 Libra 為了打破這樣不符合事實的描述，便在廣告中使用紅色液體代表經血，展示衛生棉的吸收量，並發出聲明說道：「我們每個月都會流血，紅色的血，不是藍色的染劑。這是一件自然、正常且健康的事。」

當時此舉引來超過 600 位民眾向廣告監管單位投訴，表示內容噁心、不適合小孩觀看，為該年度澳洲被投訴最多次的廣告。澳洲當局最後認定，廣告只是真實描繪經血樣貌，不予以開罰。該事件後續也引發了許多關於月經汙名的討論，在全球各地更開始有許多廠商在生理用品廣告中轉為用紅色液體代表經血。

參考資料

- 雷雅淇〈人類為何有月經？〉，「泛科學」網站
- 史鈞《瘋狂人類進化史》，好讀出版
- 蘿絲・喬治《九品脫：打開血液的九個神祕盒子，探索生命的未解之謎與無限可能》（張綺容 譯），聯經出版
- 由美・史代恩斯、江雪玲醫師《歡迎你的月經好朋友！：給你的第一本青春期解惑書》（謝維玲、楊育絜 譯），水滴文化出版
- 艾莉絲・迪艾波《月經不平等：一段女性身體的覺醒之路》（劉允華 譯），木馬文化

07 將「意見」變成「論點」

選文出題／蔡思怡

前陣子有一則關於「國中生和高中生上學時間延後」的熱門新聞。在這個議題的討論中，下列哪一種回應出現頻率最高？哪一種回應很能說服人？

A：「太棒了，最好 13：00 上學、15：00 放學。」
B：「OH ～ NO ～～我想要維持現在的上學時間。」
C：「若上學時間延後，那要不要也修改放學時間啊！」
D：「喔，國小的上學時間也該考慮延後吧！」
E：「贊成，從各國上學和放學時間的比較可知，臺灣最早上學，但最晚放學。」

若你是決策者，哪幾種回應比較有助於參考呢？
請試著閱讀下表，接著將上述的各種回應加以歸類。

類型	意涵	符合的回應
意見	直白的看法、立場，表述時經常夾帶情緒或感性話語，但缺少推理或舉證	A、B、C、D
事實	能被驗證為「真」的敘述	E
論點	以證據支持說話或寫作者立場，增加可信度，達到說服目的	E

（表一）

「國中生和高中生上學時間延後」新聞熱議、爭論的過程，即是人文及社會科學論證歷程。下方表二中的 ①、② 式的回應若能透過三個步驟加以調整，便可以從「意見」轉換為「論點」：

一、照樣造句：依照主張的文句，改寫原回應。

二、相關事實：參考前一個步驟內容，添加相關的事實或知識。

三、支持主張：提供支撐主張的事實或知識。

上述將 ①、② 式「意見」改寫為「論點」的三步驟，其中「相關事實」若越能接地氣，就越有可能說服其他人贊成其主張。其實只要在直覺式回應之餘添加一些思辨，以及盡力呈現客觀事實，就能夠開始發展論證思考的能力。

	① 回應	② 回應
議題	國中生和高中生上學時間應該延後	
意見	____________________ ____________________ ____________________ ____________________ ____________________	____________________ ____________________ ____________________ ____________________ ____________________
一、照樣造句	1.1 國中生和高中生上學和放學時間皆需延後。 1.2 國中生和高中生的上學時間延後，但放學時間維持不變。	1.1 高中以下學生的上學時間皆延後。 1.2 國中、高中生的上學時間延後，國小生的上學維持不變。

二、相關事實	2.1 上學、放學時間代表在校時間。 2.2 在校時間代表學習時間嗎？不一定，現在也可線上學習。在校時間若不專心參與，沒有學習效果。 2.3 學習時間只發生在學校嗎？不一定，同 2.2 的答案。	③______ 2.1 行為自主程度不同，小學生的生活較需要家長關心，包括從上學到所有學習活動的安排。 2.2 國高中生會期望在生活、學習上有較多的自主，希望家長管少一點。
三、支持主張	現今國中生和高中生的學習包括學校實體學習和網路線上自學，因此延後上學時間，但維持放學時間，也不會影響到國中生和高中生的完整學習。	國高中生行為自主能力較高，但在國小階段，家長需要留意交通方式和非在校期間的安全。若國小調整上學和放學時間，須一併思考家長的上班和下班時間。

（表二）

（節錄自：王慶豪、朱芳琳、沈容伊、黃春木、劉家慧、簡邦宗《論證寫作》p.78-84，天下雜誌出版）

挑戰閱讀王

1. 文中的①、②包含 A ～ E 回應中的兩種，下列何者最有可能是文中的①、②所符合的回應代號？

（A）A、B

（B）C、D

（C）A、C

（D）B、D

2. 表二中的③，是②回應相關事實的主旨。下列句子中，何者最適合填入③？

（A）國高中生不需家長關心嗎？

（B）家長接送問題不須討論嗎？

（C）只有在校時間才能學習嗎？

（D）小學和國高中生有差別嗎？

3. 若將文中由「意見」改寫為「論點」的三個要點以圖像呈現，下列圖像，何者最適切？

（A）

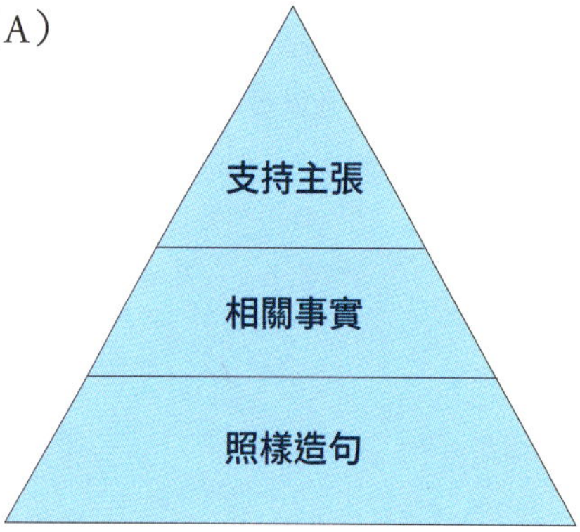

（B）

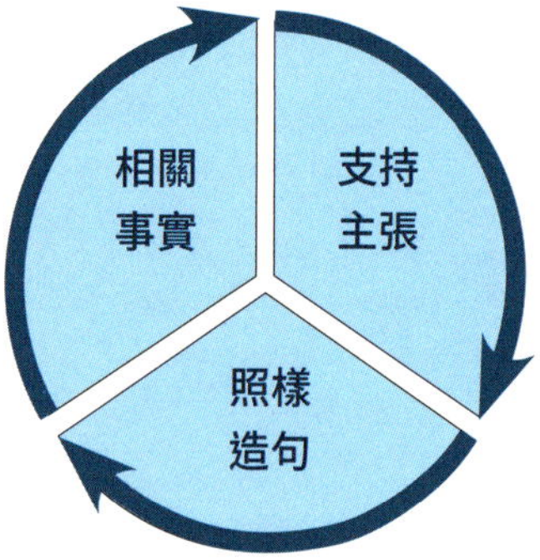

（C）

（D）

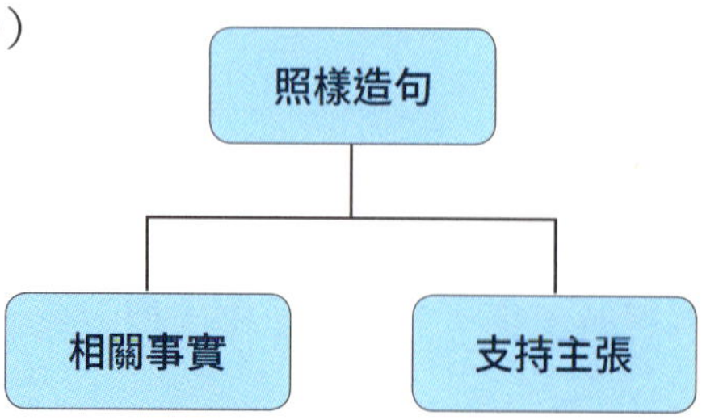

答案：1.（B） 2.（D） 3.（C）

關鍵向度短文

根據本文，針對公共議題提出的回應可分為「意見」、「事實」及「論點」等三個類型，經過些許調整後，意見就可以「升級」為更具參考性的論點。請你以「國中生是否應穿制服到校？」為題，寫出你的意見，並依據調整的方法，將你的意見改寫為論點。

議題	國中生是否應穿制服到校？
意見	
照樣造句	

相關事實	
支持主張	
論點	

延伸知識

論證的基本四要件：CAER

一個發想往往是從疑問——發現「爭議」或「困惑」開始。如果想要認真的回答疑問，總是要經過一番探究的過程，一旦有了發現之後，就能夠進行完整的論證。「完整」的論證包括了：

一、具體的將探究過程中所發現的重要資訊加以彙整。

二、詳細交代透過推理所形成的答案（結論）。

三、確認自己的立場（主張）。

四、所憑藉的主要理由（論點）或關鍵證據。

歸納而言，主張（claim）、論點（argument）、證據（evidence）、推理（reasoning），正是構成一個「論證」（argumentation）的基本要件。我們通常以 C、A、E、R 標示。

C「主張」，通常是針對議題、事件、爭議或疑難的回應，呈現一個特定、明確的立場。此外，還得注意另一個 C——結論（conclusion）。邏輯上，結論是與主張綁在一起的，彼此之間必須呼應；除了呼應主張之外，結論通常還得提供「解答」或「建議」。

E「證據」，原本是各種不同形式的資料（Data），可能以文字、數字、圖表，或者實物呈現。資料之所以能成為證據，關鍵在於：解讀或判讀（Interpretation）。解讀或判讀的目的，是要說明資料中所呈現的重要資訊，這些資訊必須適當而且充分，並與主張有所關聯。關聯越緊密、周延，證據性越高。

一般來說，證據可能來自於原始文獻檔案，或第一手的實驗、觀察、調查、訪談所獲得的資料，但也可能是第二手資料，例如他人的實驗數據、觀測紀錄、研究結果等。

A「論點」，經由證據的呈現和推理所得出的理由，藉以支持某個主張或立場，以說服閱聽者同意、接受。這裡要特別提出的是，如果考量的是適當／不適當、對／錯，這類涉及價值或利害關係的說服、同意，就需要論點來支持。但如果涉及的是真／假判斷，主要會由證據來定奪，此時論證只需 C、E、R；但如果考量的是適當或不適當、對或錯，涉及價值或利害關係的說服、爭取同意等，這就需要論點來支持。

R「推理」，主要是要說明證據如何支持論點或主張。推理必須是有邏輯的，而且往往會應用適當的科學原理、思考法則、學科知識進行連結。對於學生來說，推理的難度通常是最高的，因為不只要熟悉批判思考、媒體識讀等方式，還要能理解與應用相關科學原理、學科知識等。

——引自《論證寫作》第 1 章〈導論〉（黃春木撰文，天下雜誌出版）

參考資料

- 洪逸文〈用製作學習歷程檔案來檢驗 ChatGPT（下）〉，「大學選才與高中育才輔助系統」網站
- 曹雅萍〈高中化學課的論證教學——以解離說發展為例〉，「國家教育研究院」網站
- 黃春木《高層次閱讀與思考》，天下雜誌出版
- 蔡淇華《寫作吧！一篇文章的生成》，時報出版

第 2 部

溝通表達
與科技藝術

核心素養
面向②
溝通互動

08 什麼是生成式 AI ？

選文出題／吳昌諭

生成式 AI 跟 Siri 有什麼不同？

蘋果手機的 Siri 跟生成式 AI 到底哪裡不一樣呢？

最大的差異就在於是不是「生成」，而生成 AI 的特點就在於「生成＝產出新的東西」。

如果對 Siri 說：「請告訴我，從車站到超商的路該怎麼走？」這樣就會啟動智慧型手機的應用程式，然後得到回答。這種類型的問答模式，是搜尋已經存在的資訊，再提供答案。

生成 AI 則是學習已經存在的資訊後，將資訊重新組合，然後生成為答案。

生成式 AI 有哪些種類？

生成式 AI 的種類大致分為「文章生成 AI」、「圖像生成 AI」、「語音音樂生成 AI」跟「動畫生成 AI」等。例如我們經常聽到的「ChatGPT」，就屬於文章寫作的「文章生成 AI」類型。

除了上面四種類型外，還有遊戲生成 AI、3D 模型生成 AI 等，每天都有新開發的產品問世。

生成式 AI 既是作家，也是畫家、音樂家，簡直跟超人一樣。

什麼是 ChatGPT ？

ChatGPT 是美國 OpenAI 這家公司開發出來的文章生成 AI。

在這之前，跟寫作有關的 AI 是以「篩選資訊」和「摘要文章」為主，而文章生成 AI，則是可以幫我們寫出新的文章。

對著 ChatGPT 說：「請發明一種在天寒地凍時，可以快速方便就讓身體暖和起來的商品。」說不定它就會給出一個從來沒人想到的好點子。

不只如此，ChatGPT 吸收了很多的書籍和資訊，所以有能力回答我們各式各樣的問題。不過，文章生成 AI 的原理，是針對最開頭的一個單字進行預測，然後在後面接上習慣中比較可能用到的單字，就好像玩文字接龍一般，一直接下去，所以難免有時候會產生答非所問的情況。

比如你問它天氣如何，它卻告訴你宇宙的奧妙；你請它給你披薩的食譜，它卻告訴你怎麼做鬆餅。

如果你覺得 AI 給的答案怪怪的，可以跟大人們或是老師求證，或是自己再去找資料確認。

我們把生成式 AI 的強項和弱項，簡單整理成下表：

生成式 AI 的強項	生成式 AI 的弱項
① 能創造出新的東西：被正確訓練過的生成式 AI，可以依據龐大的資訊和數據來創作新的東西。	① 可能會生產出錯誤的資訊：生成式 AI 也會犯錯，如果它吸收學習的是錯誤的資訊或是奇怪的數據，那它產出的結果當然不會是正確的。
② 以龐大的資訊為基礎：因為生成式 AI 是從龐大的資訊中吸收學習的，所以有時候，它甚至能告訴我們一些我們不知道的事情。	② 有洩漏個人資訊的風險：如果把自己的名字或身分證字號、住址等重要的資訊告訴了生成式 AI，那這些資訊就可能會有被其他人知道的風險。所以要記得，千萬不要輸入重要的個人資訊。

③ 永遠在學習：AI 永遠在學習新的事物，永遠在更新，所以越來越厲害。	③ 恐怕會養成依賴的壞毛病：生成式 AI 實在是非常方便，可能會讓我們變得過度依賴，所以千萬別忘了，自己也要多動腦思考喔！

（節錄自：TOSS AI 活用教育研究會《AI 超入門》p.18-21，遠流出版）

挑戰閱讀王

1. 臺灣於 2024 年拿到世界棒球十二強賽世界冠軍，小君想要利用生成式 AI 豐富資訊庫，深入了解 2024 年世界棒球十二強賽的相關資訊。下列做法何者最符合生成式 AI「擁有龐大資訊為基礎」這一優勢？

（A）請生成式 AI 自行創作一首歌曲，來慶祝臺灣這次奪冠的勵志故事

（B）請生成式 AI 根據資料，推測下一屆世界棒球十二強賽的冠軍是誰

（C）請生成式 AI 剪輯新聞中臺灣隊的精彩畫面生成一段影片

（D）請生成式 AI 分析本次臺灣隊奪冠的關鍵因素及球員表現

2. 爸爸假日開車帶全家去賞桐花，但因為車內導航找不到路線，於是打開手機問 Siri 助理求救。後來發現 Siri 給的路線指引和 ChatGPT 完全不同。關於這兩者的差異，下列敘述何者正確？

（A）Siri 已經算是生成式 AI 的一種，具備圖像以及音樂等多元創作能力

（B）Siri 不屬於生成式 AI，只能依賴現有資料庫回答，無法產生新內容

（C）Siri 與 ChatGPT 一樣，都能夠重新組合資訊，產出全新的內容

（D）Siri 比 ChatGPT 更加先進，能從數據庫中學習，自我進化更新

3. 志偉對寫作文常常感到困擾，有一天他讀到這篇文章，打算利用 ChatGPT 尋求協助。根據文章介紹，關於「文章生成型 AI」的運作原理，下列何者最為符合？

（A）必須完全依靠搜尋現有資料庫內的資訊來回答問題，無法產生新的內容

（B）直接從大數據中複製人類作家曾經寫過的文章段落，再拼湊成新的作品

（C）針對人類輸入文句的開頭字詞，進行預測並串接後面最有可能出現的字詞

（D）透過深度學習建構出人工神經網路模型，自行規劃全新的文章結構和內容

4. 近來網路上因為 AI 的濫用，而產生不少爭議事件。老師上課特別提醒同學，使用生成式 AI 時，我們應該要特別注意的情況，下列何者為非？

（A） AI 會造成資安風險，甚至是違法行為，危害生命財產安全

（B） AI 會產生錯誤訊息，無法查證真偽，造成我們判斷的錯誤

（C） AI 方便好用，但還是要避免過度依賴，養成不思考的習慣

（D） AI 安全可靠，沒有什麼立即風險，我們實在不必過於擔憂

答案：1.（D） 2.（B） 3.（C） 4.（D）

關鍵向度短文

隨著 ChatGPT 的問世，AI 改變了人類的生活，AI 的便利性與高效率，增加了人類的生產力，在學習上也可以收集和分析我們的學習

數據，提供我們更有效率的學習策略。但隨之而來的，是更多的擔憂與問題，像是資料的正確與否、個人的隱私與資訊安全的疑慮，以及過度依賴 AI 可能影響我們獨立思考和解決問題的能力，甚至影響我們的人際互動。

誰不必擔心被 AI 淘汰？誰又可以搭上 AI 的熱潮？你是否贊成學生在課業上運用 AI 呢？請你運用以下幾個關鍵詞為思考的出發點，寫出你對 AI 運用在作業上的看法。

關鍵詞：人工智慧、隱私保護、事實查核、學習效率、師生互動

延伸知識

人工智慧（AI, Artificial Intelligence）

指能夠模擬人類智慧的電腦系統，能夠執行通常需要人類智慧才能完成的任務，包括學習、推理、感知、問題解決及決策能力，常見應用如聊天機器人、影像辨識與自動駕駛等。

大數據（Big Data）

數據資料極大量且多樣化的數據，通常具備「4V 特性」（Volume 數量大、Velocity 速度快、Variety 多樣性高、Veracity 準確性），傳統方法難以處理，而 AI 常利用這些數據進行分析與學習，如：社群媒體後台數據、金融交易數據、氣象資料數據等。

機器學習（ML, Machine Learning）

ML 屬於 AI 的子領域，讓機器透過數據學習規則，而不需明確編寫程式指令，主要分為監督式學習、非監督式學習與強化學習。常見運用如：垃圾郵件過濾器、臉部辨識系統等。

深度學習（DL, Deep Learning）

DL 屬於 ML 的子領域，是機器學習的進階形式，透過多層神經網路（如：卷積神經網路 CNN、循環神經網路 RNN）模仿人腦處理資訊的方式，來學習複雜的模式。常應用於影像識別、自然語言處理、語音辨識等。

參考資料

- 教育部《教育部中小學數位教學指引 3.0》
- 蔡宗翰《寫給中學生看的 AI 課：AI 生態系需要文理兼具的未來人才》，三采出版
- 蔡宗翰《寫給小學生看的 AI 課：看故事，輕鬆搞懂 AI 人工智慧》，三采出版
- 親子天下編輯群、溫怡玲《AI 如何重塑教育：ChatGPT 來了！讓孩子活出熱情，啟動真探究的內在學習》，親子天下出版

09

AI 助理的數量將超過人類？

選文出題／施錦瑢

ChatGPT 於 2022 年 11 月推出，僅兩個月的活躍用戶就超過 1 億，成為史上增長最快的網際網路服務。

ChatGPT 如何運作呢？其中的 GPT 是 generative pre-trained transformer 的縮寫，意指「生成式預訓練變換器」。「生成式」是指它會從現有資料中學習，以生成新內容。「預訓練」代表它已接收大量來自不同來源的資料（如文法、事實、數字和語言模型），也有許多取自網際網路的內容。「變換器」則與以 transformer 為基礎的架構有關，以便處理大量資料。

總之，ChatGPT 的回覆具有一定的準確性，連創意度也是前所未見。它能在幾秒內產出論文、生成電腦程式碼、回答試題、讀寫歌詞、寫出求職履歷、解決複雜的科學問題，以及提供建議等。由 ChatGPT 完成的任務大多與真人完成的差別不大，在多數例子中甚至做得比真人更好、更快。

並非所有聊天機器人的運作方式都相同，還有許多方法可令 AI 變得更聰明、便於與使用者互動。類似 ChatGPT 的生成式聊天機器人會取得大量文字資料和不同來源的資訊，包活 2021 年的網際網路。接著，ChatGPT 會透過 AI 理解使用者的提問，協助收集資訊。多模態聊天機器人會將文字與其他媒體類型（如影片和圖像）結合。這類 AI 應用於電子商務，可回覆客戶關於產品圖片的提問。對話式聊天機器人則以 AI 判讀使用者的說話方式，藉此揣摩話中含義，進而針對使用者的提問給出個人化的回覆，聽起來如真人般自然。

我們是否該害怕聊天機器人？ OpenAI（ChatGPT 的研發公司）執行長山姆阿特曼（Sam Altman）曾向美國參議院表達擔憂，害怕這項技術可能會被濫用：「我最擔心的是，這個領域、這項技術和這個行業會對世界造成嚴重傷害。若技術出問題，後果會很嚴重。我們希望能與政府合作，避免這種情況發生。」不少的相關駭人假設則是源自《2001 太空漫遊》和《魔鬼終結者》等電影的情節——AI 暴走，開始做出一些極其惡劣的行為。然而，有識之士真正擔心的並非這類電影情節，令人擔憂的其實是假消息等問題。就這類情況而言，AI 聊天機器人可能會被用於製造並傳播極具可信度的假新聞，或是生成出聲稱來自親友的逼真電子郵件，要求幫忙或借錢。也有人擔心聊天機器人可能會收集大量個資和敏感資訊。

有人則擔心另一個問題：AI 可能會衝擊就業市場，如同蒸氣動力開創了工業生產和全球旅行的新時代，卻也令許多人失業。AI 幾乎也會導致類似情況。理論上，AI 可取代記者，作家、律師、行政人員和設計師等，未來甚至可能代替老師來教導孩子。可確定的是，在一個科技不斷進步的時代，聊天機器人會變得前所未有的聰明，且短時間內的改變速度都不會放緩。

那 AI 恐怕永遠都無法具備獨創性。

主題	說明
ChatGPT 功能	產出論文、生成電腦程式碼、回答試題、讀寫歌詞、寫出求職履歷、解決複雜的科學問題，以及提供建議
聊天機器人類型	• **生成式聊天機器人：**基於大量文字與資料 • **多模態聊天機器人：**結合文字與影片、圖片 • **對話式聊天機器人：**模仿人類語氣，給出個人化回覆
潛在風險	• 技術被濫用（如生成假新聞、詐騙郵件） • 收集個資與敏感資訊 • 衝擊就業市場（如記者、律師、教師等被取代）

（節錄整理自：《How It Works 知識大圖解國際中文版》2024 年 1 月號〈AI 聊天機器人崛起〉P.25-26，希伯崙出版）

挑戰閱讀王

1. ChatGPT 是一種生成式人工智慧技術，它於 2022 年推出，僅兩個月便擁有超過 1 億活躍用戶，成為史上增長最快的網際網路服務。想像一下，如果你需要快速完成學校的研究報告並提升表現，你認為 ChatGPT 可以提供哪些幫助？（複選題）

（A）幫助生成報告內容並提供引用資料來源

（B）協助撰寫論文並檢查語法錯誤

（C）根據要求調整語言風格和表達方式

（D）完全複製他人的作品成果提供參考

2. 你在社群媒體上看到一條令人震驚的消息，文章中提到 AI 可能會生成高度可信的假新聞。請問你可以採取哪種行動來判斷消息的真實性？

（A）以網路搜尋方式進行比對與查證

（B）查詢新聞消息是否出自於可信媒體或官方來源

（C）鎖定單一事件來源的報導，毋須過濾太多訊息內容

（D）完全避開這些新聞報導，堅信 AI 新聞的真實性

3. 根據文章，AI 技術雖然可以模擬多種能力，但在某些方面仍存在無法突破的限制。請問以下哪一項是目前 AI 無法完全實現的能力？

（A）即時生成海量資訊

（B）獨創性和真正的創意能力

（C）分析並理解語言結構

（D）提供個性化的建議

4. 文章提到 AI 可能取代許多工作，包括程式設計師、行政人員和記者。如果你正在規劃未來職業，以下哪種策略最有助於你在 AI 競爭下保持競爭力？

（A）專注於機械式工作以降低競爭

（B）開發需要創造力且難以被取代的技能

（C）完全避開科技相關行業

（D）放棄學習新技能，專注於目前的專長

答案：1.（A）（B）（C） 2.（B） 3.（B） 4.（B）

關鍵向度短文

想像一下，如果你擁有一個專屬的 AI 助手，它可以幫助你完成任務，例如寫工作、學習新知識、提醒你重要的事情等，你會想要擁有哪種類型的AI助理呢？也請詳細說明你想運用它來協助你完成哪些事情？

延伸知識

當前 AI 的趨勢

隨著技術的進步，AI 的發展趨勢包括：

一、生成式 AI：這類 AI 能夠創建新的內容，如文本、圖像和音樂，並在商業和創意領域中得到廣泛應用。

二、多模態 AI：能夠處理多種數據類型（如文本、圖像和音頻），提升了 AI 的應用靈活性和準確性。

三、AI 的民主化：越來越多的用戶友好型 AI 應用使得非技術人員也能輕鬆使用 AI 技術，促進了 AI 的普及。

四、倫理與監管：隨著 AI 技術的廣泛應用，對其倫理和法律問題的關注日益增加，許多國家正在制定相關的法律法規以確保 AI 的負責任使用。

AI 發展對社會的影響

一、經濟影響：AI 技術的普及可能導致某些工作崗位的消失，但同時也會創造新的工作機會，特別是在技術和數據分析領域。

二、社會不平等：AI 的應用可能加劇社會不平等，因為能夠利用 AI 技術的群體將獲得更高的生產力和收入，而無法適應的群體可能面臨失業風險。

三、倫理問題：AI 的決策過程可能存在不透明性，導致算法偏見和不公正的結果，這需要通過監管和透明度來解決。

參考資料

- 游昊耘〈賓州大學最新研究：學生依賴 AI 工具，恐影響學習表現〉，「翻轉教育」網站
- 〈哪些企業已經擁抱 AI ？《經濟學人》「AI 百大榜」揭早期贏家〉，《天下雜誌》網站
- 葉蕙芬〈AI 的年代，省思「快樂而有效」的教育〉，「獨立評論」網站
- 施永強《人工智慧的現在與未來：它將如何改變全世界》，旗標出版
- 松尾豐《一本漫畫就讀懂！人工智慧：AI 究竟能為人類做什麼？》（葉韋利 譯），行路出版

10 中秋節的挑戰

選文出題／蔡思怡

中秋節快要到了，你也想和從小到大陪伴著我們的夜晚好朋友——月亮合照嗎？

2013 年，一位瑞士的攝影師菲利浦．施密德利（Philipp Schmidli），致敬科幻電影《E.T. 外星人》的經典畫面：腳踏車浮起來橫越天空中的滿月。這張照片拍得很不容易，因為菲利浦和照相機的距離超過 1 公里，是精心計算的成果。怎麼算呢？先說結論，如果要拍出月亮跟人一樣大的合照，那得站在距離相機「身高 × 110」這麼遠的地方。

原理是：相似形。假如以相機鏡頭為相似形的頂點，你和照相機的距離，比上相機和月亮的距離，會等於你的身高比上月亮的直徑。寫成比的式子會得到：

你和照相機的距離：相機和月亮的距離＝身高：月亮直徑

經過整理可得出：

$$\text{你和相機的距離}=\frac{(\text{相機和月亮的距離}\times\text{身高})}{\text{月球直徑}}$$

相機和月亮的距離，相當於地球和月亮之間的 38.5 萬公里，月球直徑約是 3500 公里，相除數字大約是 110。這就是「身高 ×110」公式的由來。假設身高 160 公分，相機就得放在 176 公尺遠的地方！

如果你覺得這很簡單，那請容我們先潑個冷水。因為你還得考慮一件事：月亮會動！在我們眼中看起來，月亮像是靜止不動，可其實月亮平均每小時移動 15

度，從地球上觀測的月球的大小，約只有半度。換句話說，月球 1 小時會移動的距離，相當於 30 顆月亮。平均每 2 分鐘，就會完全離開原來的位子！得把相機放那麼遠，月亮又很不耐煩，一會兒就跑掉。跟月亮合影真是一件浪漫的高難度任務。你想挑戰看看嗎？歡迎把成果分享給我們噢！

（節錄自：數感實驗室〈中秋節挑戰 跟著公式拍出完美月亮合影〉）

挑戰閱讀王

1. 如果以圖呈現「身高 ×110」的條件公式，下列何者正確？

（A）

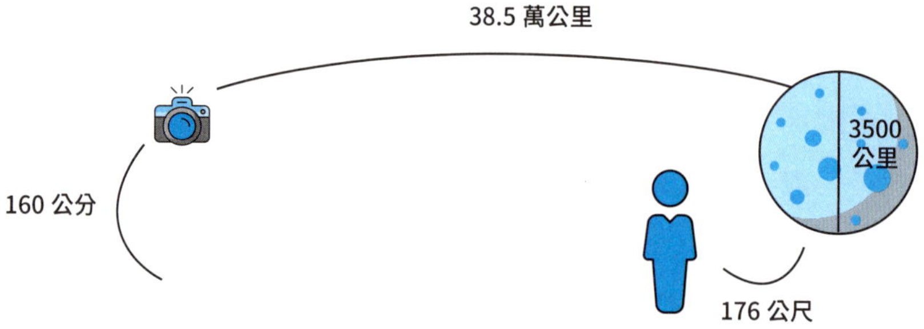

（B）

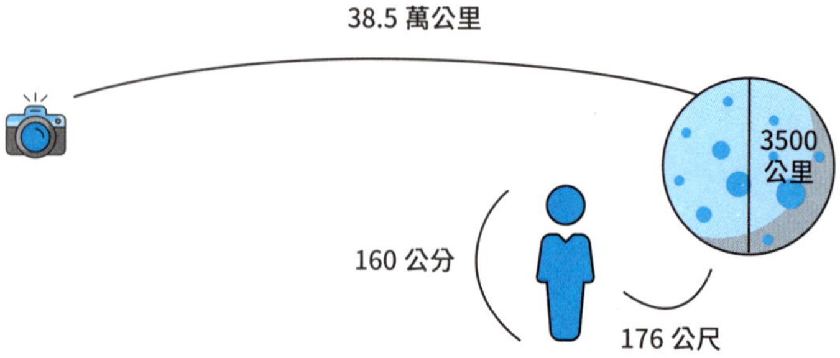

（C）

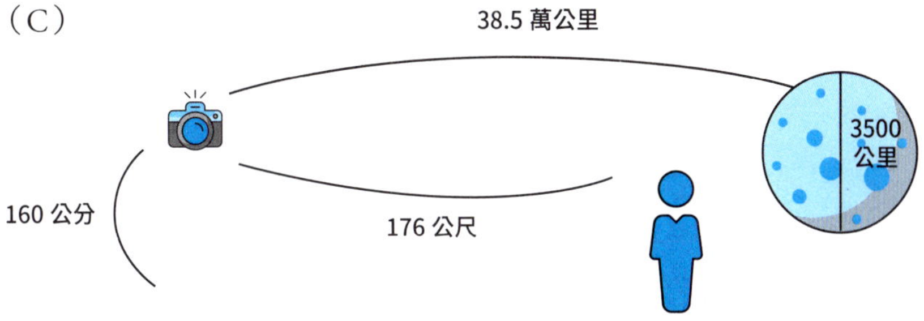

（D）

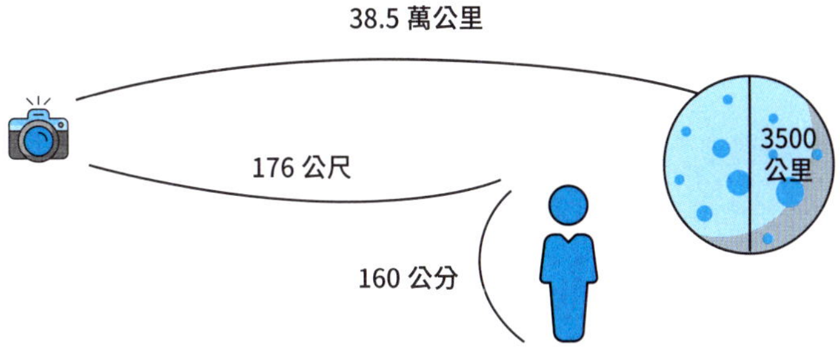

2. 以肉眼為圓心，環繞著肉眼虛擬的大圓形共有 360 度，而從肉眼看向天上的月亮，滿月的面積度數約略為 0.5 度，也就是半度。然而，實際上月亮在一個小時的移動距離，以度數而言為 15 度。

以上述文句為前提，下列算式，何者最能表示「月球 1 小時會移動的距離，相當於 30 顆月亮。平均每 2 分鐘，就會完全離開原來的位子！」的意涵？

（A） 30 × 0.5 ＝ 15

（B） 15 ÷ 0.5 ＝ 30

（C） 360 ÷ 24 ＝ 15

（D） 360 ÷ 12 ＝ 30

3. 根據本文計算拍攝距離的公式推論，該公式採用原理的幾何形狀，最有可能是下列何者？

（A）圓形

（B）梯形

（C）三角形

（D）正方形

答案：1.（D） 2.（B） 3.（C）

關鍵向度短文

下列摘自本文的這段文字需要有一點基本的數學概念才能理解，倘若你現在是低年級營隊的解說員，請你改寫這段文字，運用更簡單易懂的說法，以使小一、小二的學生明白月亮移動的原理：

在我們眼中看起來，月亮像是靜止不動，可其實月亮平均每小時移動 15 度，從地球上觀測的月球的大小，約只有半度。換句話說，月球 1 小時會移動的距離，相當於 30 顆月亮。平均每 2 分鐘，就會完全離開原來的位子！

參考資料

- 均一教育平台〈相似形〉
- 林柏嘉《數感實驗室．「數學會考原來這樣考！」國中數學會考實戰解析全攻略》，臉譜出版
- 賴以威、李瑞祥《城市裡的數感素養課：環遊世界，發掘大都市的數學方程式！》，親子天下出版
- 佐佐木淳《【讓世界更有趣】戴上數學的眼鏡看世界：零基礎也能培養數感，練就數學思維，避開數字與統計陷阱，做出更明智的決策》（林雯 譯），漫遊者文化

11 三章一 Q？營養午餐裡的祕密

選文出題／林季儒

經過了上午忙碌緊湊的學習，飢腸轆轆的學生們最期待的應該就是午餐時間了！根據兒童福利聯盟基金會統計，目前全臺灣營養午餐在國中小學的普及率已高達 9 成 9。請別小看這小小的營養午餐，它不但解決了家長準備午餐與同學攜帶餐食的問題，還肩負了重要的「吃中學，學中吃」食安教育功能！看似簡單的一餐，背後卻集結了很多公部門單位及民間團體眾人的努力——請看看以下介紹，你就會更了解營養午餐的得之不易！

農委會推動學校午餐採用「三章一 Q」的食材，分別是指 **CAS 臺灣優良農產品、產銷履歷農產品（TAP）、有機農產品等三種標章**，及**臺灣農產品生產追溯的 QR Code**，介紹如下：

一、CAS 臺灣優良農產品標章：這是國產農產品及其加工品最高品質的代表標章，驗證品項除了蔬果外，也有：肉品、冷凍食品、果蔬汁、食米、醃漬蔬果、即食餐食、冷藏調理食品、菇蕈產品、釀造食品、點心食品、蛋品、生鮮截切蔬果、水產加工品、乳品、羽絨、林產加工品等 16 大類。它的原料必須使用可追溯的國產農產品，衛生安全、品質規格、包裝標示都要符合規定。值得注意的是，只有 CAS 產品，沒有 CAS 工廠，如果 CAS 產品在非驗證生產廠重新包裝或再加工，就不算是 CAS 產品。標章圖上會顯示六碼的驗證產品碼。

二、產銷履歷農產品標章（TAP）：這個標章讓蔬果有了自己的「身分證」，掃描產銷履歷標章旁的 QR code 或輸入追溯碼，就可以在「產銷履歷農產品資訊網」看到農產品的生產者、驗證機構、產地、生產記錄，包含整地、播種、灌溉、施肥、除草、收成等，以及包裝日期都詳細記錄，資訊公開透明還可以追溯。產銷履歷農產品必須嚴格遵照「臺灣良好農業規範（TGAP）」，不用擔心用藥問題，讓消費者可以安心的吃。

三、有機農產品標章：有機標章的驗證非常嚴格，農產品的品種和種子不能是基因改造，栽培過程也不能使用化學肥料、化學農藥等物質，生產環境還需要通過土壤及水源的檢驗，並且有適當防止外來汙染的措施，避免作物受到感染。此外，加工、分裝、流通到販賣也都要經過有機驗證及完整記錄產銷流向。而且為了

保證有機農產品不會受到汙染，在取得有機農產品標章前，中間還需要經過 2 到 3 年的有機轉型期，這段時間一樣要遵守有機農業的生產及驗證規則，雖然不能貼上有機農產品標章，但能貼上驗證機構的標章，待正式通過之後，就能換成有機農產品標章。

四、臺灣農產品生產追溯 QR Code：除了 CAS 臺灣優良農產品、產銷履歷農產品（TAP）、有機農產品以外，臺灣農產品生產追溯 QR Code 也可以查詢生產者資訊，知道農產品從哪裡來，查詢可到「臺灣農產品生產追溯系統」網站。其他水產品、豬肉、牛肉、禽肉和雞蛋也有追溯 QR Code 可以掃喔。

（圖文節錄改寫自：〈三章一 Q 農產品標誌～你認識嗎？〉農業部・農業兒童網／臺北市政府產業發展局〈認識三章一 Q ？〉，臺北市農業主題網）

挑戰閱讀王

1. 依據上文提到的「三章一 Q」食材說明，請問以下的敘述何者是不正確的？

（A）「產銷履歷農產品標章」就像是農產品的「身分證」，掃描標章上的 QR Code 就可以看到農品生產、加工等的公開透明訊息

（B）「有機農產品標章」產品不能使用化肥或化學農藥，生產過程需是親和自然的友善食材

（C）「臺灣農產品生產追溯 QR Code」掃描生產追溯 QR Code，可以即時知道農漁畜產品從哪裡來的

（D）「CAS 臺灣優良農產品標章」只包含蔬果，不包含其他肉品、蛋品等農產品

2. 要如何辨識「三章一 Q」也有很多小妙招，請問以下三章一 Q 產品哪一項是合格？

（A）有完整的 TAP 標章和追溯號碼，才會是可信賴的「產銷履歷農產品標章」

（B）「有機農產品標章」一定要有「有機」兩字，檢驗證書字號則不一定要附上

（C）「臺灣農產品生產追溯 QR Code」無論是豬肉拍賣編號或是洗選蛋溯源碼等都是 10 碼

（D）鮮黃色醒目的標章配上驗證產品編號六碼，是「CAS 臺灣優良農產品標章」的特色

3. 請問你有觀察過廚餘嗎？廚餘不但浪費了糧食也造成了沉重的環境負擔。如果你和同學想要發起「零廚餘愛地球活動」解決班上每天營養午餐過剩問題，請問下列哪一個方法最不適合？

（A）推廣食安教育：讓同學理解三章一 Q 和食材得來不易，要好好珍惜營養午餐的食物

（B）要求同學惜福：要求全班同學不論理由一定要吃完，就能解決廚餘問題

（C）合理備置備餐份數：建議學校依班級人數及過往訂餐情形，準備適當備餐份數避免浪費

（D）適時調整菜單：請學校廚房靈活改變烹調方式，營養美味有變化，提升同學用餐興趣

4. 隨著年齡的增長，我們為自己選擇餐食的機會也越來越多了，無論是外食或是簡單的在家中料理，你都可以讓自己吃得更健康。請問以下的飲食選擇哪一項最符合正在成長發育的你？

（A）把早餐其中的炸薯條用便利商店的蒸地瓜代替，搭配有 CAS 標章的鮮奶或是豆漿

（B）中午和同學看電影時，可以買大份的爆米花代替熱量較高熱狗麵包代替午餐

（C）晚餐自己在家裡煮泡麵時，搭配有產銷履歷的青菜進去煮，會比外食便當健康很多

（D）睡前肚子餓，宵夜選擇滷味會比鹹酥雞更適合，再吃個有機標章的蘋果就很不錯

答案：1.（D） 2.（A） 3.（B） 4.（A）

關鍵向度短文

在「教育部校園食材登錄 2.0」的網站中，我們可以查詢到全臺灣各個學校每日的營養午餐搭配，並且每項食材無論是主食、主菜、蔬菜、兩項副菜、湯品和附餐（飲品或是水果）的製造商、產銷履歷、驗證單位、供應商等都能清楚掌握。

請問，如果今天換你來擔任學校的營養師，需要幫全校師生規劃一餐符合三章一 Q 的標準營養午餐，請問你會如何安排與設計呢？

請將你規劃的一餐營養午餐繪製於右頁空白處，並且註明你用到了哪些符合三章一 Q 的食材。

延伸知識

廚餘

廚餘又分為生廚餘（未煮過的果菜殘渣）及熟廚餘（已煮過食材），需要分開回收。

生廚餘：未經烹煮之水果及食用後之果皮、葉及根莖類蔬菜、茶渣、咖啡渣、中藥渣等。

熟廚餘：米製品、麵條等麵製品、奶粉、各式的豆類製品、熟的雞鴨魚肉、糖果餅乾、果醬、調味料及罐頭等。

剩食

「剩食」是指已過了最佳品嚐風味的賞味期限，但未過可安全食用的保存期限，因賣相不佳、商家貼錯標籤或包裝出錯導致無法販賣的食材。兩者最大的不同點在於，「剩食」是仍可安心食用，卻被人們浪費丟棄的食物。

格外品

農產品採收後都會根據大小重量、外觀是否有傷進行分級。若不符合市場大小規格、賣相不佳，或過了節慶熱度需求，但品質無虞仍可食用者，稱之為「格外品」。

參考資料

- 黃珮蓁〈成為廚餘以前——從食物浪費到惜食的實踐〉，「窩窩」網站
- 衛生福利部國民健康署網站〈均衡飲食菜單——外食這樣吃也能很均衡：早餐篇〉、〈均衡飲食菜單 - 外食這樣吃也能很均衡：小吃篇〉
- 財團法人中華民國兒童福利聯盟基金會〈2023 臺灣兒少營養午餐調查報告〉，「兒福聯盟」網站

12

花的祕密

選文出題／蔡思怡

（圖一）

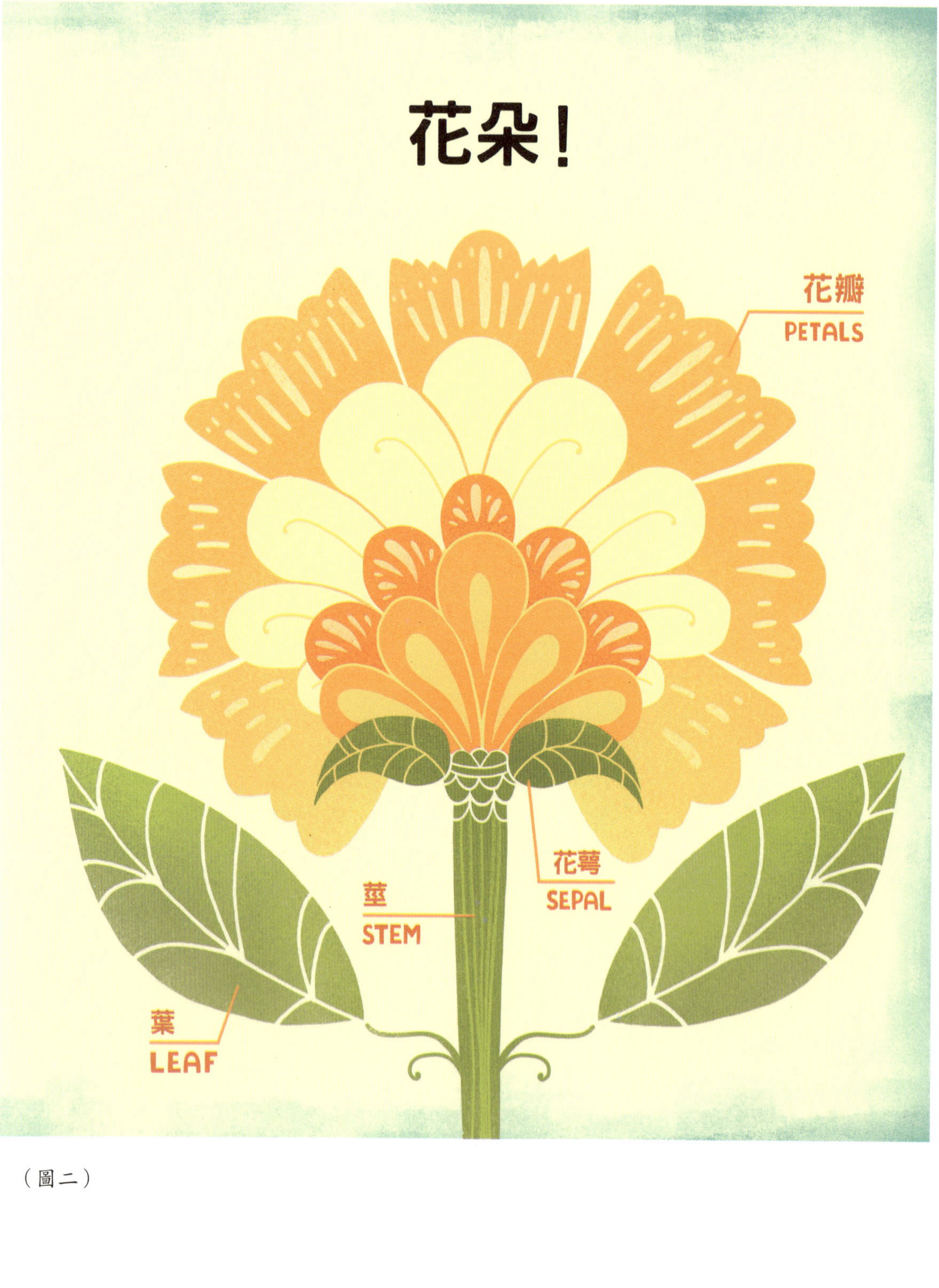
花朵！
花瓣
PETALS
花萼
SEPAL
莖
STEM
葉
LEAF

（圖二）

來看看花朵內部，
種子從哪裡來呢？
雌蕊 PISTIL
柱頭
花柱
胚珠
子房
花粉
POLLEN
雄蕊 STAMEN
花藥
花絲
花瓣
花萼
莖
葉

（圖三）

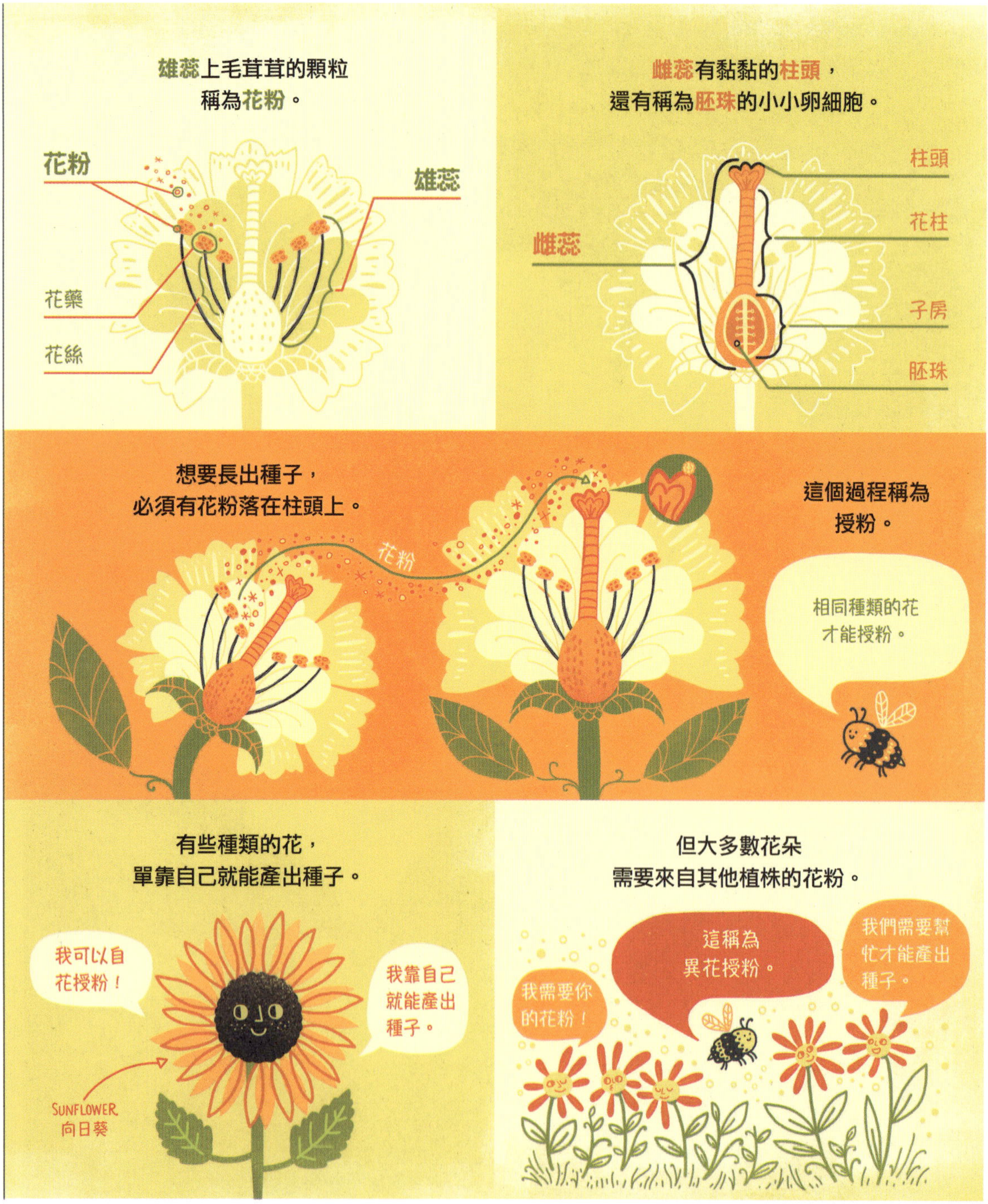

（圖四）　　（圖片引用自：瑞秋．伊格諾托夫斯基《花的祕密》P.20-23，遠流出版）

挑戰閱讀王

1.「自荷錢出水之日，便為點綴綠波；及其勁葉既生，則又日高日上，日上日妍，有風既作飄颻之態，無風亦呈嬝娜之姿。是我於花之未開，先享無窮逸致矣。迨至菡萏成花，嬌姿欲滴，後先相繼。」（清．李漁〈芙蕖〉）根據圖一，李漁的〈芙蕖〉中提及之「菡萏」，最有可能是下列何者？

（A）花苞

（B）花瓣

（C）花萼

（D）花朵

2.「冬月，山之叟擔一牡丹，高可隱人，枝柯鄂韡！蕊叢叢以百數。主人異目視之， 損重貲。慮他處無足當是花者，庭之正中，舊有數本，移其位讓焉。亡何花開，薄如蟬翼，較前大不如。怒而移之山，再移之牆，立枯死。主人懈其故花，且嫌庭之空也，歸其原，數日亦死。客過而尤之曰：『子不見夫善相花者乎？宜山者山，宜庭者庭。遷而移之，在冬非春。故人與花常兩全也。』」（清．袁枚〈牡丹說〉）根據本文，文中的牡丹之所以全數枯死，下列何者為主因？

（A）供給水質不佳

（B）生長環境不適

（C）陽光照射不均

（D）土壤養分不足

3. 根據本篇圖示，下列對於花朵繁殖的敘述，何者有誤？

（A）雄蕊雌蕊在同一朵花上

（B）不同種類的花無法授粉

（C）雌蕊的數量較雄蕊更多

（D）向日葵可自行產生種子

答案：1.（A） 2.（B） 3.（C）

關鍵向度短文

請以圖三和圖四為知識基礎，創作一篇短文，短文的內容必須完整說明花朵的部位、功用及繁殖的流程喔！

延伸知識

明末清初文學家李漁曾著《閒情偶寄》一書，書中〈種植部〉中介紹桃樹的文字提及：

凡言草木之花，矢口即稱桃李，是桃李二物，領袖群芳者也。其所以領袖群芳者，以色之大都不出紅白二種，桃色為紅之級純，李色為白之至潔，「桃花能紅李能白」一語，足盡二物之能事。然今人所重之桃，非古人所愛之桃；今人所重者為口腹計，未嘗究及觀覽。大率桃之為物，可目者未嘗可口，不能執兩端事人。凡欲桃實之佳者，必以他樹接之，不知桃實之佳，佳於接，桃色之壞，亦壞於接。桃之未經接者，其色極嬌，酷似美人之面，所謂「桃腮」、「桃靨」者，皆指天然未接之桃，非今時所謂碧桃、絳桃、金桃、銀桃之類也。即今詩人所詠，畫圖所繪者，亦是此種。此種不得於名園，不得於勝地，惟鄉村籬落之間，牧童樵叟所居之地，能富有之。欲看桃花者，必策蹇郊行，聽其所至，如武陵人之偶入桃源，始能複有其樂。如僅載酒園亭，攜姬院落，為當春行樂計者，謂賞他卉則可，謂看桃花而能得其真趣，吾不信也。

牛刀小試一下：根據本文，作者喜歡的桃子與桃花，在生長期分別有什麼特色？

參考資料

- 清・李漁〈種植部〉，《閒情偶寄》
- 清・袁枚〈牡丹說〉，《小倉山房集》
- 林將之《專為孩子設計！趣味樹木圖鑑：從葉子・花朵・果實・樹形・樹皮認識 450 種常見植物，打造自主學習力！》，美藝學苑出版
- 凱蒂・史考特、凱利・威利斯《植物博物館》（周沛育 譯），大家出版
- 陳月文《看見台灣大樹》，遠流出版

13

新款 Emoji 即將推出

選文出題／蔡思怡

最近，Unicode 聯盟（Unicode Consortium）正式批准了表情圖案參考網站 Emojipedia 設計的 8 款 Emoji 表情符號，任何人都可以向 Unicode 聯盟提出表情符號的新設計。作為一個非營利組織，Unicode 聯盟致力於建立資訊科技領域的標準與文字系統，讓所有語言和字母都能在手機和電腦上使用。

Unicode 聯盟技術委員會每年會召開四次會議，並在會議中決定新的表情符號。獲批的表情符號必須具有明顯的視覺區別、廣泛的使用度以及創新度。今年 7 月 17 日，為慶祝表情符號被廣泛使用而舉辦的世界表情符號日（World Emoji Day），Emojipedia 率先公布新的 Emoji 設計圖，其中眼袋臉，獲得了 62.4% 的支持率，榮登最受網友們期待的 Emoji。潑灑與鏟子則排名第二、三名。

此次推出的 Emoji 中，無葉的枯樹象徵了人類對於「氣候變遷」的意識提升。這個 Emoji 最早於 2022 年，由網友布萊恩拜哈基（Brian Baihaki）提出，他認為圖像視覺缺少了與環保有關的主題，雖然是 2022 年提出的 Emoji，但 Unicode 聯盟的主席珍妮佛丹尼爾認為，即使是兩年前的提案，至今仍具相關性，說明了這個概念的重要性：「在數位的世界中，兩年幾乎可以當作是兩百年。」

對於一個國家或是行政區來說，能夠擁有一個官方表情符號是件意義重大的事情。而此次推出的表情符號，其中也包含薩克島的旗幟。

作為英吉利海峽的群島之一，薩克島是英國王室的屬地，且被劃分於根西行政區（Guernsey），而薩克島也成為繼澤西島（Bailiwick of Jersey）與根西行政區後，第三個擁有旗幟表情符號的海峽群島。

根據 2023 年的人口普查，薩克島人口為 562 人，島面積只有 517 公頃（相當於臺灣新竹科學園區的大小）。但薩克島擁有自己的的貨幣與獨立司法管轄權，更是世界上少數禁止汽車上路，只允許自行車、馬車行駛的地方。自 2022 年 3 月，Unicode 聯盟就曾宣布未來不再接受任何「旗幟表情符號」的申請，主要理由是該類別使用率低。但只要該國家或行政區域，獲得國際標準化組織（ISO）的認可獲得國際標準碼，即可在不經提案的程序下被自動加入。

過去，薩克島致力於加入國際化標準組織，卻長年因歷史與政治因素，無法通過該組織嚴格的審批程序。但因為全球的線上表單，大多使用國際標準化組織的清單，如果你不在該清單中，就等於你不存在於網際網路上。對於一個強烈依賴旅遊業的薩克島來說，是個嚴重的問題。

直到 2020 年，薩克島才終於獲得國際標準化組織的認可，取得網路國家代碼，現在，該島也終於獲得了專屬的表情符號旗幟。

（節錄自：許家銘〈新款 Emoji 即將推出〉，「地球圖輯隊」網站 https://dq.yam.com/post/16256）

挑戰閱讀王

1. 下列身分，何者最不適合使用文中提及之最受歡迎的眼袋臉？

（A）常因國際飛行而作息顛倒的空姐

（B）為了取得佳績而焚膏繼晷的考生

（C）工作做不完而睡眠不足的上班族

（D）隔天要出遊而輾轉難眠的小學生

2. 下列何者最貼近「在數位的世界中，兩年幾乎可以當作是兩百年。」所表達的意旨？

（A）數位科技的進展日新月異，風馳電掣

（B）數位倫理的淪喪每況愈下，人心不古

（C）數位交易的多元不勝枚舉，百花齊放

（D）數位知識的廣博包羅萬象，無邊無際

3. 下列對於「薩克島」的敘述，何者正確？

（A）在數十年的努力下，薩克島終於成為獨立的國家

（B）薩克島是舉世首度擁有自己旗幟表情符號的島國

（C）因獲國際標準碼，薩克島取得專屬表情符號旗幟

（D）和臺灣新竹科學園區相比，薩克島人口密度更高

答案：1.（D） 2.（A） 3.（C）

關鍵向度短文

表情符號已經是數位原住民傳訊或發布貼文時不可或缺的符碼之一，請你發揮想像力，運用本文提及的八個表情符號，完成一篇發表在 Threads 上的短文：

參考資料

- 「未來城市」網站〈《SDGs 懶人包》什麼是永續發展目標 SDGs ？ 17 項目標一次掌握〉
- 愛范兒〈為什麼 emoji 在不同平台長得不一樣？〉，「科技新報」網站
- 「旅遊世界（TTW）」網站〈體驗薩克島的寧靜，這裡禁止汽車通行，壯麗的風景與永恆的寧靜融為一體〉
- 筧裕介《地方創生 ×SDGs 的實踐指南：孕育人與經濟的生態圈，創造永續經營的地方設計法》（陳令嫻 譯），裏路出版
- 安德魯．羅賓森《文字的祕密：從甲骨文、羅賽塔石碑到表情符號，重新認識文字穿越時空的演變史》（洪世民 譯），聯經出版

14

從標籤認識杯麵

選文出題／施錦瑢

一碗方便又美味的泡麵

有一天，大雄在家中煮泡麵，他想到課堂上老師提過關於「CUP NOODLE」的故事，說這款泡麵的設計非常特別，不僅使用了創新的技術，還考慮到包裝、運輸和保存的便利性。大雄對此感到非常有趣，決定進一步了解這個產品的設計過程與背後的科學原理。他從圖書館借了一本《泡麵發明家：安藤百福》的書，閱讀到了以下內容（如右圖所示）。

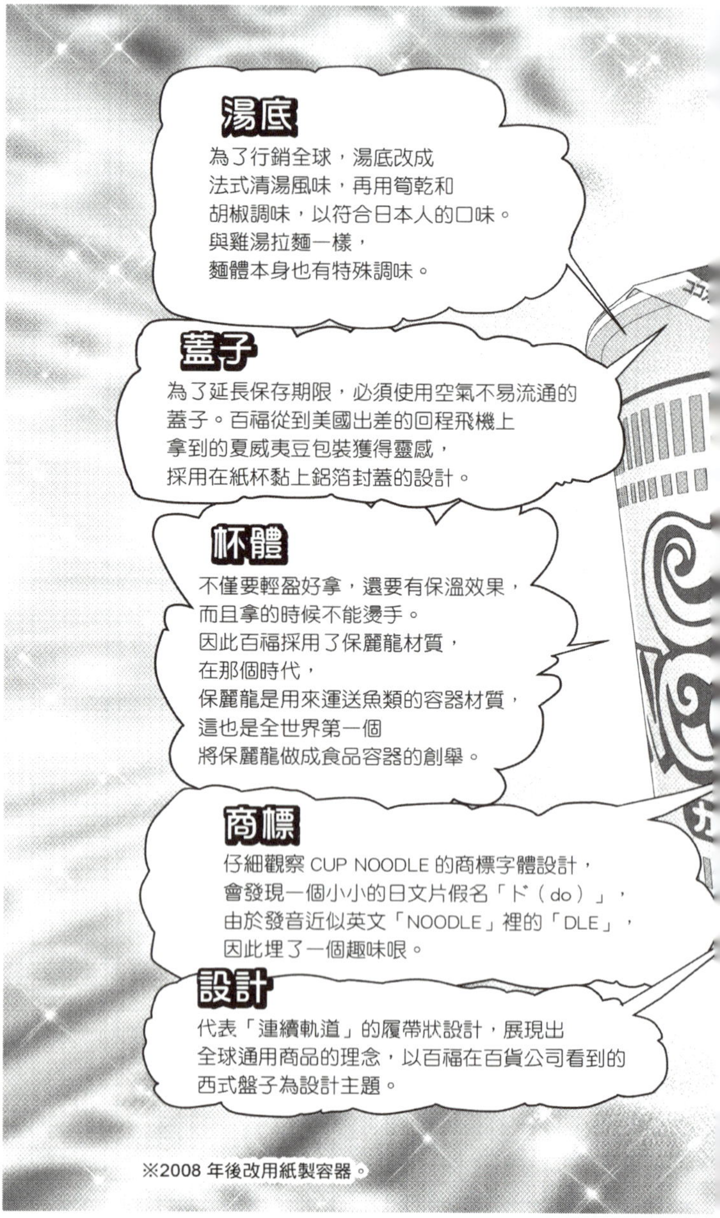

湯底
為了行銷全球，湯底改成
法式清湯風味，再用筍乾和
胡椒調味，以符合日本人的口味。
與雞湯拉麵一樣，
麵體本身也有特殊調味。
蓋子
為了延長保存期限，必須使用空氣不易流通的
蓋子。百福從到美國出差的回程飛機上
拿到的夏威夷豆包裝獲得靈感，
採用在紙杯黏上鋁箔封蓋的設計。
杯體
不僅要輕盈好拿，還要有保溫效果，
而且拿的時候不能燙手。
因此百福採用了保麗龍材質，
在那個時代，
保麗龍是用來運送魚類的容器材質，
這也是全世界第一個
將保麗龍做成食品容器的創舉。
商標
仔細觀察 CUP NOODLE 的商標字體設計，
會發現一個小小的日文片假名「ド（do）」，
由於發音近似英文「NOODLE」裡的「DLE」，
因此埋了一個趣味哏。
設計
代表「連續軌道」的履帶狀設計，展現出
全球通用商品的理念，以百福在百貨公司看到的
西式盤子為設計主題。
※2008 年後改用紙製容器。

（圖片出自：水野光博、田中顯《泡麵發明家：安藤百福（大人物養成漫畫2）》P.126-127，遠流出版）

——「CUP NOODLE」（杯麵）！
一九七一年九月十八日。
世界第一款杯麵——「合味道」正式上市。
此時的百福已經六十一歲。
配料
採用「冷凍乾燥法」，以零下 30℃急速冷凍蝦子與豬肉，完整保留食材的味道、口感、顏色與形狀。百福特別講究蝦子種類，他從全世界採購 60 種蝦子，細細比較味道與色澤。此外，也採用熱風乾燥法，加工蛋與蔥等配料。
麵
如何讓厚度 6cm 的麵體由內到外均勻油炸，是一項高難度挑戰。首先，做一個與杯子相同形狀的圓筒形鐵製模具，放入形狀零散的麵條，蓋上蓋子後油炸。如此一來，麵體就會在模具中慢慢往上浮起，形成與杯子一樣的形狀。維持此狀態完成油炸工序，就能炸出形狀工整的麵體。此製法也已取得專利權。

挑戰閱讀王

1. 根據文章描述，「冷凍乾燥法」被用來製作 CUP NOODLE 的配料。這項技術有什麼特別之處？試根據選項分析它的核心優勢。

（A）冷凍乾燥法可以在保留配料原味的同時，去除多餘水分，使配料更加濃縮且易於保存

（B）冷凍乾燥法的運用能讓配料更具彈性，這樣在加熱過程中能避免口感過硬的問題

（C）這項技術能快速完成配料的加工，節省生產時間，同時減少冷鏈運輸的需求

（D）冷凍乾燥法主要是為了提升配料的營養價值，使其能在泡麵中補充更多健康成分

2.「CUP NOODLE」的湯底設計不僅追求口味，也兼顧品牌形象。根據圖示，這樣的湯底設計傳達出什麼樣的品牌理念？

（A）強調地方特色，呈現區域風味的獨特性

（B）貼近消費者需求，靈活調整以適應各地市場

（C）追求奢華享受，打造高端即食麵形象

（D）堅持傳統配方，強調經典不變的味道

3.「CUP NOODLE」的麵條設計非常特別，文章提到麵條形狀像「多通氣孔的類球體」。這樣的設計對食用者有什麼實際影響？請選擇最正確的選項。

（A）麵條的形狀有助於提高產品的美觀性，讓泡麵看起來更加誘人，同時提升顧客的購買意願

（B）類球形的麵條設計能提升麵條的口感，使其更容易吸收湯汁，增加咀嚼時的滿足感

（C）麵條的形狀能增加吸水速度，使其在泡開時能快速恢復原狀，縮短準備時間，方便使用者快速享用

（D）這樣的形狀設計是為了減少麵條在製造過程中的損耗，降低工廠的生產成本

4. 大雄在閱讀文章時，發現「CUP NOODLE」的杯體使用了隔熱和防潮的材料。這樣的設計對日常使用有什麼幫助？以下哪一項描述最符合實際情況？

（A）防潮設計能避免產品在潮溼環境中受損，隔熱設計則能確保用戶在拿取時不會燙手，提升使用安全性

（B）隔熱和防潮設計主要是為了延長產品的保質期，讓泡麵在任何環境下都能保持原有的味道和口感

（C）防潮材料讓杯體能在製造過程中重複使用，而隔熱功能則保證了產品的環保性能，符合現代綠色消費理念

（D）隔熱設計能讓麵條的加熱速度加快，防潮功能則能保護內部的湯料不會受到高溫的影響

答案：1.（A） 2.（B） 3.（C） 4.（A）

關鍵向度短文

看完以上的圖片介紹「CUP NOODLE」的設計理念後，了解作為一款成功的全球產品，該要如何同時滿足不同國家的口味需求。請根據圖片內容和你的生活經驗，創作一篇約 300 字短文。

引導說明：

1. 產品本地化的策略：圖片中提到湯底的改良與多樣化配料設計，你認為這對吸引全球消費者有多重要？

2. 你的觀察與體驗：生活中，你是否曾發現一些外來品牌為適應台灣市場做出的改變？例如披薩的臺式口味或速食店米漢堡的融入，這些改變是否成功？

3. 你的建議與看法：如果你要設計一款結合本地文化特色的創新食品，會加入哪些元素？為什麼？

請從以上三點的角度連結思考並完成此篇寫作：

延伸知識

安藤百福

1958 年發明了世界上第一款即食麵——雞湯拉麵（Chicken Ramen）。這一創新是基於他對當時日本糧食短缺問題的思考，旨在提供一種快速、方便且能夠滿足飢餓的食品。他的靈感來自於看到妻子炸天婦羅的過程，讓他想到利用油炸技術去除麵條中的水分，從而延長保存期限。這是安藤第一個成功的產品，迅速在日本市場上獲得廣泛的認可。

安藤百福進一步創新，於 1971 年推出了「合味道」杯裝即食麵，這種杯麵設計食用上更加方便，並迅速成為全球熱銷產品。另外，為了滿足太空人需求，安藤百福在 2005 年開發了專為無重力環境設計的即食麵「太空拉麵」（Space Ram），這一創新展示了他的前瞻性思維。

安藤百福的發明不僅改變了日本的飲食文化，也對全球食品產業產生了深遠的影響。根據統計，全球每年消耗的即食麵數量達到約 1000 億份，顯示出其在全球市場的巨大需求。

參考資料

- 永山久夫《日本和食考：連日本人都大驚奇的和食百科》（邱香凝 譯），商周出版
- 山口紀子〈安藤百福：改變世界飲食文化的麵條先生（Mr.Noodle）〉，「nippon.com 走進日本」網站
- 林詠琛《微妙物語 40：迴轉回憶杯麵》，青馬文化
- 「安藤百福發明紀念館」網站〈合味道紀念館簡介〉
- 簡文山〈打造你自己的虛擬杯麵！！〉，國科會「科技大觀園」網站

第 3 部

社會文化及公民意識

核心素養
面向③
社會參與

15

吃完柿子／柚子別喝優酪乳？

選文出題／吳昌諭

背景

臺灣事實查核中心收到民眾投訴這樣的訊息：「請告訴周邊的人，現在是柿子跟柚子上市季節，吃完柿子跟柚子千萬別喝優酪乳，也不能吃香蕉，會中毒，已經上新聞了！誰的群組多，相互轉發一下，別差那三、五秒，多做好事會功德無量的！」

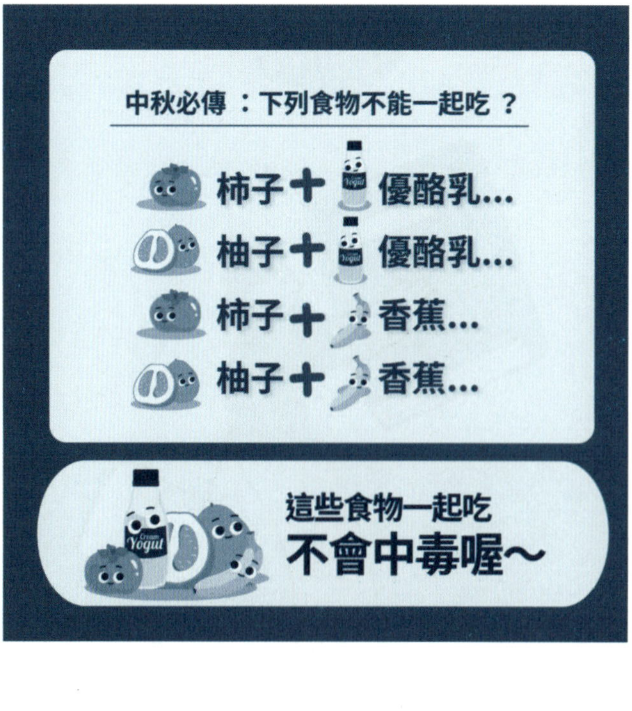

中秋必傳：下列食物不能一起吃？
柿子＋優酪乳...
柚子＋優酪乳...
柿子＋香蕉...
柚子＋香蕉...
這些食物一起吃
不會中毒喔～

查核

爭議點一：吃完柿子千萬別喝優酪乳，會中毒？

臺灣查核中心諮詢財團法人癌症關懷基金會校園營養講師簡鈺樺，以及衛福部雙和醫院家醫科葉睿儒醫師，兩位專家表示：不管中醫還是西醫，都認為柿子是非常營養的食物，富含維生素、礦物質、纖維素，能補充營養和促進腸胃蠕動。

因柿子成分中含有較高的「單寧酸」（亦稱鞣酸或鞣質），單獨食用沒太大問題，當民眾搭配一些蛋白質含量比較高的食物，如：牛奶、優酪乳一起食用時，單寧酸、蛋白質經過胃中的反應，會因為胃酸所提供的酸性環境，而形成一種膠狀的沉澱物，稱作「鞣酸蛋白」，也就是俗稱的「柿石」。「柿石」不易被腸胃道吸收，有些腸胃敏感的人食用後，可能會感到腸胃不適，但這不是「中毒」。建議民眾兩者的食用時間，間隔約半小時到一小時，不要空腹吃，也要避免過量（約一顆拳頭大即可），或勿和其他食物混合食用，就能避免消化不良的情況。

爭議點二：吃完柿子，也不能吃香蕉，會中毒？

柿子和香蕉能否搭配食用？葉睿儒醫師指出：因為柿子和香蕉的鉀含量很高，而腎臟病患無法適當排除鉀離子，服用過量會對身體造成危害，因此需要控制這些水果的攝取。但一般人在正常情況下是不用太擔心的，只要均衡飲食就可以了。

雙和醫院營養師陳薏丹補充：柚子跟香蕉都是水果類，一起食用並不會產生毒性。但減重或血糖控制的民眾要注意，如果攝取過多，可能導致熱量過高。此外，這兩種水果的鉀含量高，如果一次吃太多，可能會導致血液中的電解質失衡，可能會有心臟亂跳、心律不整的狀況。

爭議點三：傳言稱「吃完柚子千萬別喝優酪乳、吃香蕉，會中毒」，是否屬實？

林口長庚醫院營養師吳益銘表示：「柚子加優酪乳、香蕉會中毒」的說法並無根據。柚子和優酪乳、香蕉、牛奶是可以一起食用的，並不會導致中毒。柚子含有豐富的膳食纖維、維他命 C、鉀離子、鈣離子。因其富含纖維質，不易消化且容易刺激腸蠕動，部分民眾吃多會造成腹脹或腹瀉。建議民眾一天不要過量食用，一天吃 3 至 4 瓣為佳。

吳益銘補充，柚子和葡萄柚一樣，都含有「呋喃香豆素」成分。如有長期服用降血脂、降血壓、中樞神經藥物的民眾，「呋喃香豆素」會和上述藥物產生交互作用，同時食用會使藥物無法順利代謝分解，建議服藥後間隔 6 至 8 小時以上，再食用柚子類水果，食用量上也不宜過多，淺嚐即可。如有進一步用藥疑慮，建議再詢問專業藥師建議。

結論

一、專家表示，柚子搭配優酪乳、香蕉等食物一起吃，並不會產生毒性。
二、專家表示，柚子搭配優酪乳、香蕉等食物一起吃，並不會產生毒性。
三、柿子成分中含有較高的「單寧酸」，若搭配蛋白質食用，可能因胃酸而形成「柿石」，不易吸收、影響消化功能，但不是「中毒」。專家也提醒，柿子和香蕉都是含鉀食物，腎臟病患者要控制攝取量。

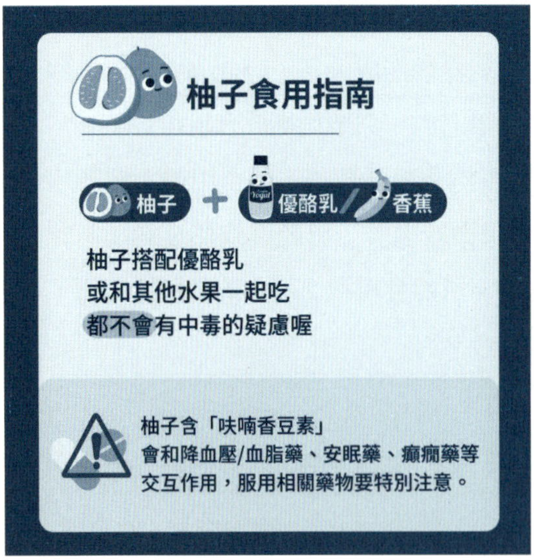

柚子食用指南
柚子
優酪乳
香蕉
柚子搭配優酪乳
或和其他水果一起吃
都不會有中毒的疑慮喔
柚子含「呋喃香豆素」
會和降血壓/血脂藥、安眠藥、癲癇藥等
交互作用，服用相關藥物要特別注意。

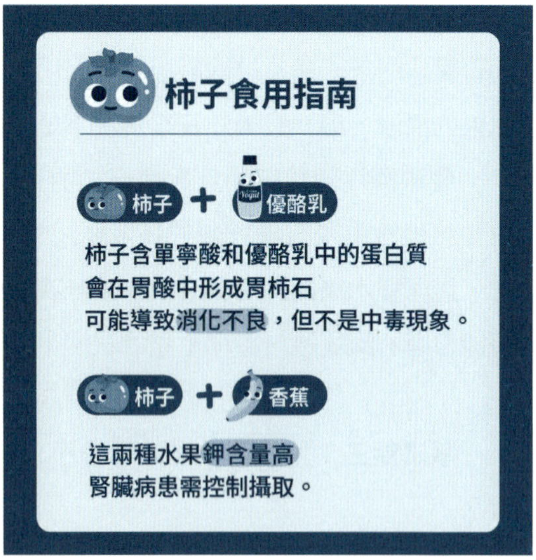

柿子食用指南
柿子
優酪乳
柿子含單寧酸和優酪乳中的蛋白質
會在胃酸中形成胃柿石
可能導致消化不良，但不是中毒現象。
柿子
香蕉
這兩種水果鉀含量高
腎臟病患需控制攝取。

（圖文節錄自：「臺灣事實查核中心」網站與 Instagram〈【錯誤】網傳「吃完柿子／柚子千萬別喝優酪乳，也不能吃香蕉，會中毒。有個孩子還沒到醫院就往生了」？〉）

挑戰閱讀王

1. 根據本文，「吃柿子、柚子後喝優酪乳會中毒！」的傳言，下列敘述何者正確？

（A）說法正確！這樣吃會中毒，建議民眾避免食用這些組合
（B）說法正確！這些食物營養價值豐富，可以盡量食用無虞
（C）說法錯誤！這些傳言毫無科學根據，民眾可以放心食用
（D）說法錯誤！這些食物的確會影響腸胃，但不會產生毒性

2. 根據本文中，專家對於「柿子與香蕉一起食用」的建議為下列何者？

（A）任何人都應避免一起食用，否則會導致食物中毒
（B）一般人可正常食用，但腎臟病患者須控制攝取量
（C）柿子與香蕉一起吃會影響鈣質吸收，建議分開食用
（D）兩者含糖量高，會導致心律不整，應避免同時食用

3. 學校進行食安推廣標語比賽，今年的主題是「水果與健康」，提醒同學注意飲食搭配。根據本文，以下哪一句標語較不適合？

（A）「柿子＋優酪乳＝中毒？錯誤資訊別亂信」
（B）「柚子與藥物慎搭配，健康飲食更安全」
（C）「柿子柚子毒性強，吃了腸胃全糟光」
（D）「水果搭配有學問，查證資訊不傳謠」

4. 近來許多假新聞、假訊息漫天謠傳，嚴重影響我們的生活。當我們遇到一則新聞或訊息，可以先分辨這是「事實」還是「觀點」。「事實」通常會使用較多的數字、具體事件、客觀性描述……；「觀點」則會使用較多的形容詞、主觀感受……。事實是可以被驗證對錯的，

而觀點只是表達一種感覺、想法，無法被證明是對或是錯。依據上面的定義，請問下列選項中何者屬於「事實」？

（A）美國加州大火延燒，影響上萬戶居民

（B）韓國女團成員個個美麗動人能歌擅舞

（C）日本食物精緻美味，是世界第一美食

（D）英國研究指出，常喝咖啡會導致癌症

5. 請閱讀下文，並回答問題：

凡夏至後迄秋分，勿食肥膩餅臛之屬，此與酒漿、果瓜相妨。或當時不覺即病，入秋節變，諸症橫生，皆由涉夏取冷太過，飲食不節故也。

（改寫自唐·孫思邈〈攝養枕中方〉）

1. 臛：音ㄏㄨㄛˋ，肉羹。

5-1. 本文所討論的主題應是下列何者？

（A）食物屬性相互沖剋的原理

（B）節氣變化對於人體的影響

（C）夏秋之際正確的飲食之道

（D）改變飲食習慣的正確步驟

5-2. 這段文字所闡述的養生之法，其所蘊含的道理與下列何者最接近？

（A）勞其形者長年，安其樂者短命

（B）禍常積於所忽，患每消於所慎

（C）久坐傷肉，久臥傷氣，久立傷骨，久行傷筋

（D）養生在動，養心在靜，知足常樂，無求常安

答案：1.（D） 2.（B） 3.（C） 4.（A） 5-1.（C） 5-2.（B）

關鍵向度短文

現代人物質充裕，對於飲食的要求更加重視健康概念。衛生福利部國民健康署特別設計出一套每日飲食指南——「我的餐盤」，符合臺灣人的飲食習慣，照顧國人的均衡飲食。

指南中依據食物的營養成分特性，分成了 6 大類：全穀雜糧類、豆魚蛋肉類、乳品類、蔬菜類、水果類和油脂與堅果種子類。各類食物提供人體不同的必需營養素，缺一不可。用餐盤圖像的方式，還依照比例編出口訣：「每天早晚一杯奶，每餐水果拳頭大，菜比水果多一點，飯跟蔬菜一樣多，豆魚蛋肉一掌心，堅果種子一茶匙，讓你聰明吃，營養高！」

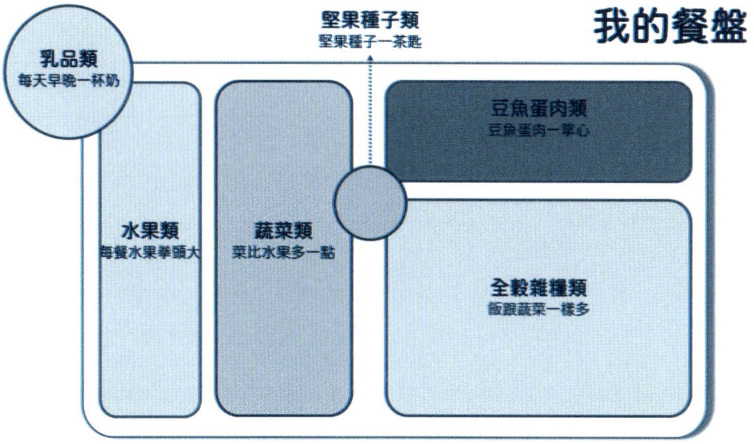
我的餐盤
乳品類
每天早晚一杯奶
堅果種子類
堅果種子一茶匙
豆魚蛋肉類
豆魚蛋肉一掌心
水果類
每餐水果拳頭大
蔬菜類
菜比水果多一點
全穀雜糧類
飯跟蔬菜一樣多

現在請你依照口訣，試著利用下方空白處規劃你的一餐食物，看看是否有符合健康飲食比例。

延伸知識

六大類食物

全穀雜糧類：傳統稱為主食，主要提供澱粉，是一天熱量的主要來源。全穀雜糧類食物含有豐富的維生素 B 群、維生素 E、礦物質與膳食纖維等營養素，這些容易在精製加工過程中大量流失，因此建議每日主食應以全穀及未精製雜糧為主。

豆魚蛋肉類：豆魚蛋肉類提供優質蛋白質與維生素等營養，每日飲食指南提醒要以豆、魚、蛋類食物做為主要蛋白質來源，減少攝取飽和脂肪。建議每餐豆魚蛋肉類的食物份量約為一個掌心大小。

乳品類：乳品類食物提供豐富的鈣質，且含有優質蛋白質、脂肪、多種維生素。國人鈣質普遍攝取不足，建議每日 1.5-2 杯（240 毫升）。

蔬菜類：蔬菜主要提供膳食纖維，幫助維持腸道健康，預防便祕問題，也能維持足夠的抵抗力。蔬菜也是維生素、植化素與礦物質的良好來源。建議每日三餐的蔬菜約 1.5 個拳頭大，且 1/3 選深色蔬菜，並以當令在地的新鮮蔬菜為主。

水果類：水果提供膳食纖維和維生素、花青素與類胡蘿蔔素等植化素，尤其是維生素 C 的重要來源，能抗氧化、維持腸道健康，預防便祕、腸癌、相關代謝疾病等。建議三餐都要各吃一個拳頭大的新鮮水果，也建議選擇更多元，挑選當令水果為主。

油脂與堅果種子類：堅果種子可以提供不飽和脂肪酸和維生素 E，另外還有維生素 B1、鉀、鎂、磷、鐵等營養素。除了控制每日烹調用油（植物油為主）約 4-5 茶匙以內，每餐可攝取 1 茶匙堅果種子（ 約大拇指第一指節的量），約 2 個腰果、2 個杏仁果或 1 個核桃。

參考資料

- 衛生福利部國民健康署《我的餐盤手冊》
- 彼得．阿提亞、比爾．吉福德《超預期壽命 I ＋ II：如何有效預防、延緩、逆轉慢性病及衰老，長壽的科學與藝術，重塑你的每一天》（黃靜雅 譯），天下雜誌出版

16 少年公民認識選舉政策

選文出題／林季儒

一、政策導讀

選舉、罷免、公民投票是國民的三大參政權，是人民參與公共事務最重要也最基本的權利。中華民國國民達到法定年齡就有這些權利。多年以來，臺灣便是透過許多大大小小的定期選舉及公民投票，逐步深化民主。

目前我國的選舉有總統副總統、立法委員、直轄市長、縣（市）長、直轄市議會議員、縣（市）議會議員、鄉（鎮、市）長、直轄市的山地原住民區（以下簡稱原住民區）長、鄉（鎮、市）民代表會代表、原住民區民代表會代表、村（里）長等 11 種；立法委員自第 7 屆起任期由 3 年改為 4 年後，所有民選公職人員任期都是 4 年。此外，公民投票自 110 年起，每 2 年舉行一次，公民投票日定於 8 月第 4 個星期六。

中央選舉委員會主要任務就是規劃、辦理及督導各種公職人員的選舉、罷免及公民投票等工作。除辦理選舉期間的各選務事項外，平時也持續推動各項與選舉有關的業務，例如各國選舉制度的比較，參與規劃不在籍投票制度，選舉資料的開放及淨化選風宣導等工作。

二、一般性政策

中央選舉委員會現在主要的工作包括：

（一）辦理公職人員選舉及公民投票

選舉委員會最主要的工作就是辦理各種選舉及公民投票，最近辦理過的選舉及公民投票是 113 年 1 月 13 日合併辦理第 16 任總統、副總統及第 11 屆立法委員選舉。此外，選舉委員會也要辦理公職人員出缺時的補選及公職人員罷免案。

（二）加強便利選民的措施

選舉委員會以下列措施加強便民選民：

1. 為了方便選民投票，中央選舉委員會在選舉前會印製選舉公報分送到各個家裡，上面印製了候選人的資料以及他們的政見，讓選民可以了解候選人。同時各地方選委會也會辦理候選人政見發表會，以現場或轉播的方式，讓選民了解候選人當選後會做的事。

號次·名稱	政見
1 小民參政 歐巴桑聯盟	

名單次序	姓名	基本資料	學歷	經歷
1	高　芸　婷	出生年月日：[redacted] 性別：女 出生地：[redacted]	美國康乃爾大學化工碩士	社團法人台灣福佑天使家庭協會理事長、台灣特教工作專業人員協會理事、豐禾子協會理事、親子共學暖暖蛇青年共學團英文老師、元晶太陽能品保部副理
2	林　詩　涵	出生年月日：[redacted] 性別：女 出生地：[redacted]	暨南國際大學社會政策與社會工作學系	已婚女同志、共同主辦嘉義彩虹生活節、經營獨立書店島呼冊店、台灣圖書室文化協會理事長、台灣友善書業供給合作社理事、資深新住民倡議工作者
3	閔　柏　陵	出生年月日：[redacted] 性別：女 出生地：[redacted]	國立台東大學兒童文學碩士 華梵大學美術學士	社團法人台灣親子共學教育促進會理事長 小民參政歐巴桑聯盟評議委員 人本教育基金會三重青少年基地生活輔導員

（圖 A：截自第 11 屆全國不分區及僑居國外國民立委選舉公報）

2. 為了方便選民投票，中選會也特別提供不同的服務措施，包括有聲的選舉公報、政見發表會上設置手語翻譯人員、投票所無障礙設施場地、視障者的投票輔助器等，為便利有照顧兒童需要的家長行使投票權，6 歲以下的小朋友可以陪同家長進入投票所，又為維護選舉人投票權益，投開票所工作人員如遇有行動不便、年長者、孕婦及其他不適久站的選舉人，也應洽商其他在場選舉人禮讓其優先投票。

（三）辦理選務工作人員講習

辦理各種選舉或公民投票時，需要受過訓練且有經驗的工作人員，來擔任選務規劃及投開票所的工作。

（四）選舉訊息的宣導

為了讓選民都知道選舉的訊息，以便讓他們可以行使選舉權，每一次選舉中央選舉委員會都會針對投票的日期、時間，投票的規定及應注意事項等，規劃各式各樣活潑的宣導活動，藉著廣播、電視、網路以及 Line、臉書等多種管道來讓民眾都能了解選舉相關消息，並特別關注原住民、新住民等族群的加強宣導。

（五）加強淨化選風宣導工作

中央選舉委員會為了端正選舉風氣，提高選舉品質，除了由治安機關嚴格執行相關選前淨化工作外，另外也配合法務部鼓勵檢舉賄選的工作。中央選舉委員會會製作各種宣導資料或舉辦活動，提供機關學校配合活動辦理宣導，或是透過各通路等宣傳反賄選的觀念 。

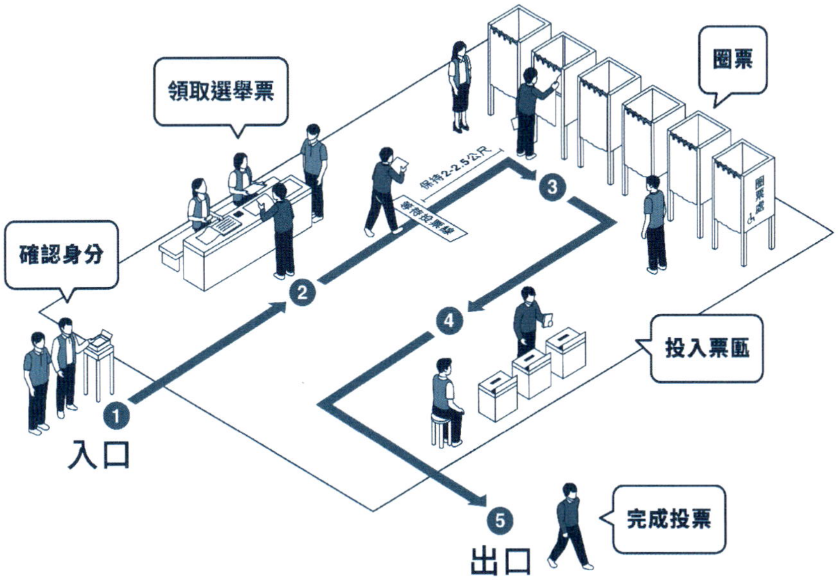

（圖 B：截自第 16 任總統副總統選舉選舉公報）

（文字節錄自：「行政院兒童 e 樂園」網站〈認識選舉政策〉）

挑戰閱讀王

1. 參與國家公共事務，是每一個國民的權利，因此學習建立公民素養是刻不容緩的事。在前文「認識選舉政策」中，下列敘述何者不正確？

（A）選舉、罷免、公民投票是人民參與公共事務最重要且基本的權利

（B）總統副總統到村（里）長，所有民選公職人員任期都是 4 年

（C）公民投票自 110 年起，每 2 年舉行一次，公民投票日定於 8 月第 4 個星期六

（D）中央選舉委員會最主要是辦理選舉，因此在選舉以外的時間就沒有其他的工作

2. 閱讀選舉公報是了解候選人及其政見最直接的方式之一。請問以上圖 A 為例，以下何項資訊是我國的選舉公報沒有提供？

（A）提供各政黨名稱、標章與選舉號次，方便選民選擇有意向的政黨

（B）提供各黨政政見，政見可以用文字、表格、圖案等方式呈現

（C）提供各候選人姓名與地址電話等個人資料，方便民眾了解候選人

（D）提供候選人的學歷與經歷，選民可以從中了解候選人與政見的關聯性

3. 公民老師們想要讓同學了解民主選舉的可貴，於是讓全年級同學設計了一場「少年公民選舉實境課」。請問誰建議的投票流程最符合圖 B 的說明？

（A）小華：為了要能確認身分，我認為第一個步驟還是要先核對證件

（B）雯雯：同學們彼此都認識，領取選舉票時不用再簽名，這樣比較有效率

（C）小桃：在圈票的時候，應該多安排一些選務人員協助民眾圈選選

票才對

（D）阿祥：圈選後將選舉票對折後，將選票交給選務人員就可以直接離開

4. 承上，不同國籍的外國老師對於這場校園內的公民選舉實境課非常感興趣，也紛紛說起自己國家的選舉文化：美國可以採取通信投票、日本候選人會會站在啤酒箱上宣傳政見、印尼選民投票手指必須沾上墨水以防止重複投票……。這些不同國家的選舉文化讓我們學習到很多，請問下列何者不包含在內？

（A）不同的選舉文化可以讓我們有不同的思考觀點

（B）不同國家的選舉文化可以比較出不同國家的優劣

（C）不同的選舉文化都能夠看出民主的可貴

（D）不同國家的選舉文化常因文化和地理因素而有所不同

5. 如果將來參與選舉事務，請問你認為少年公民在選舉中應該擁有的態度為何？

（A）不用去理會選戰中出現的真假消息，還是堅定立場就對了

（B）尊重每一個與我立場和意見不同的人，這就是民主

（C）社會課本裡面教的知識往往和選戰中不一樣，派不上用場

（D）任何人只要選輸了就可以懷疑選舉作票，前往中選會要求驗票

答案：1.（D） 2.（C） 3.（A） 4.（B） 5.（B）

關鍵向度短文

在「少年公民選舉實境課」中，你將代表你的班級角逐自治市市長職務。自治市市長需要代表同學發聲、和師長意見溝通、為同學爭取更多的權益，責任重大。為了讓全校同學理解你的政見、支持你的理想，你需要一份詳實又能引起大家注意的「自治市市長選舉公報」，請試著利用下面五個關鍵詞，利用下方及右頁空白處，規劃一份包含班級名稱、代表LOGO、選舉號次和選舉政見的選舉公報。

關鍵詞：權益、校規、進步、服務、支持

延伸知識

中央選舉委員會

中央選舉委員會（簡稱中選會）負責我國各級公職選舉的相關事務。過去，公職人員選舉期間，中央設立「選舉總事務所」，地方則設置「選舉事務所」，選舉結束後即行裁撤。直到民國 69 年《公職人員選舉罷免法》正式制定並施行，方才建立中央、省（直轄市）、縣（市）三級共 28 個選舉委員會，轉為常設機關，分別隸屬中央與地方政府，確保選務工作的穩定與制度化。

全國性公民投票

選舉、罷免、創制與複決為我國憲法賦予人民的基本參政權。自 92 年 12 月 31 日《公民投票法》公布施行後，人民得以透過公民投票決定法律、立法原則或重大政策。自法案實施以來，已舉行五次全國性公民投票，共計 20 案，其中 7 案獲得通過，13 案未獲通過。

參考資料

- 中央選舉委員會公民投票專區〈公投大補帖〉
- 行政院兒童 e 樂園網站〈中央選舉委員會〉

17

海洋公民科學家的淨灘行動

選文出題／林季儒

海科館淨灘活動介紹

根據世界經濟論壇日前提供的數據指出，海洋的塑膠垃圾已達 1.5 億噸，每年有 800 萬噸的垃圾流入海洋，造成海洋生態的浩劫。媒體報導過鯨豚因胃內充滿塑膠袋而擱淺死亡，以及網路曾瘋傳，從海龜鼻腔內拉出塑膠吸管的影片。越來越多的資訊告訴人們海洋正在面臨巨大的垃圾問題，近年來許多人開始在海邊進行及發起淨灘活動，這是一種對於海洋環境關懷的省思。

ICC 淨灘介紹

國際淨灘行動（ICC, International Coastal Cleanup）是由美國海洋保育協會（Ocean Conservancy）發起，經世界各國的協力團體統籌規劃各國內的 ICC 行動，將清除的廢棄物依來源分類並紀錄種類、數量，再將世界各地的數據彙整、比較差異，幫助了解各地海洋廢棄物的來源，希望藉此找到有效的海洋汙染解決方法。臺灣的 ICC 淨灘活動是 2000 年由黑潮海洋文教基金會開始發起，目前已經累計多年活動經驗與數據資料可供民眾與相關單位參考。

行動目標

- 清理所有水域、岸邊的廢棄物。

- 記錄、統計這些海洋廢棄物的種類與數量。
- 教育大眾廢棄物對於海洋汙染的嚴重性。
- 以海洋廢棄物的記錄資料督促政府部門訂定法令，維護良好的海洋環境外，還能敦促企業以首善環境為前提，改善產品的製程或材料。
- 記錄及統計的數量可供科學家對於海洋廢棄物的研究。

海科館淨灘活動介紹

海科館淨灘活動經過完整規劃與調整，讓淨灘不只是將海岸的垃圾移除，更能有系統的分類進行數量與重量的統計，最終將數據上傳至國際淨灘資料庫網站或是國內的「愛海小旅行」網站，也同步記錄了參與人員對淨灘活動心得與分享。

此活動可以讓民眾了解到原來短短的海岸線居然能清除出如此大量的垃圾，再從中思考往後在日常生活中，如何透過減塑和自備餐具等自主行動來達成善待海洋的自然使命，感受到淨灘是一場人與海洋深切對話，也是民眾永續海洋教育的最佳課程選擇。

1. 淨灘行動方案

- **自行淨灘＋自行準備工具**

  請準備好淨灘工具，選擇一個喜歡的海灘將垃圾都撿拾並打包交由環保局進行後續處理。

- **參加海科館例行淨灘**

  海科館不定期於潮境公園舉辦例行性 ICC 淨灘活動，30 人以下小團體可在海科館志工帶領下一同進行，由海科館準備材料，歡迎學校團體參加此方案。

- **團體預約：（學校團體或企業單位 預約海科館淨灘）**

  若學校團體或企業單位預約淨灘，將依照申請單位預約之時間安排 ICC 淨灘活動，實際收費方式依據參與人數與操作方式進行調整。

2. ICC 淨灘時間及工具

- **淨灘時間**

淨灘活動預計進行三小時，包含解說、分配工具、淨灘、垃圾分類、場地復原、工具清洗回收、經驗分享回饋。一般以 8-15 人一組為佳，每組由一位小組長帶領。

- **淨灘流程**（如下圖）

活動開場說明及大合照
分組與淨灘工具分配
撿拾海飄垃圾
海漂垃圾分類與統計
場地復原
工具清洗與回收
經驗分享及回饋

- **淨灘穿著與裝備**（如下圖示）

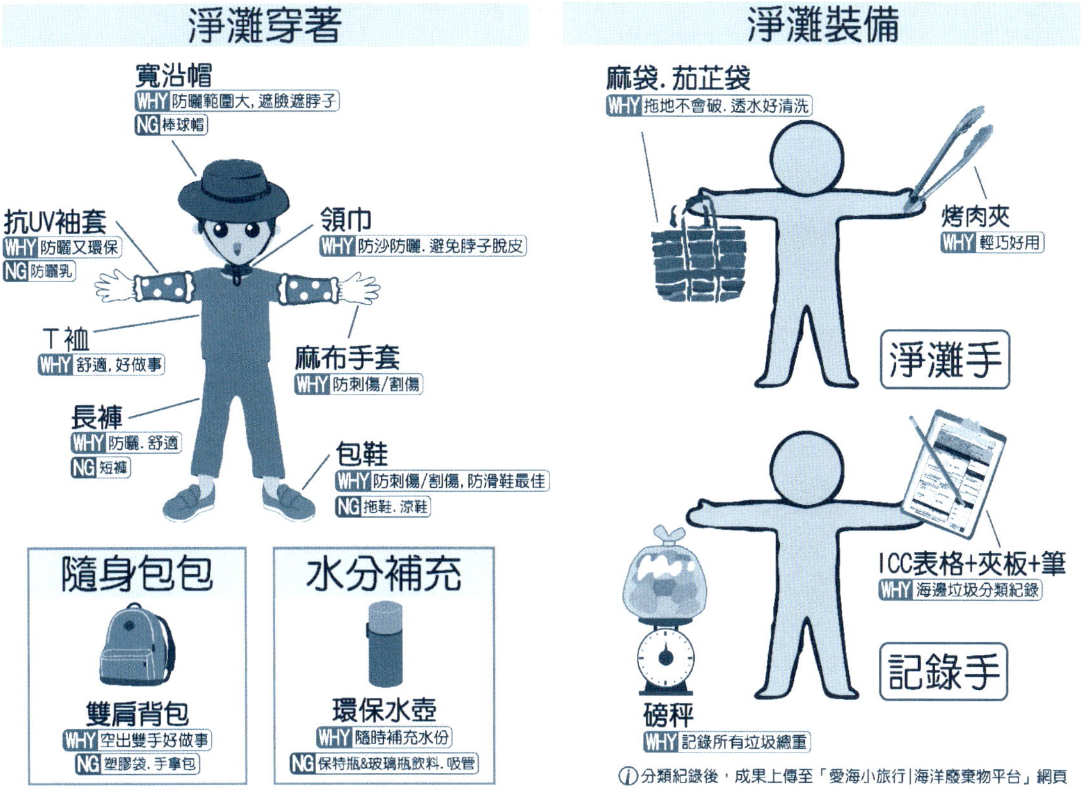
淨灘穿著
寬沿帽
WHY 防曬範圍大，遮臉遮脖子
NG 棒球帽
抗UV袖套
WHY 防曬又環保
NG 防曬乳
領巾
WHY 防沙防曬，避免脖子脫皮
T袖
WHY 舒適，好做事
麻布手套
WHY 防刺傷/割傷
長褲
WHY 防曬，舒適
NG 短褲
包鞋
WHY 防刺傷/割傷，防滑鞋最佳
NG 拖鞋，涼鞋
隨身包包
雙肩背包
WHY 空出雙手好做事
NG 塑膠袋，手拿包
水分補充
環保水壺
WHY 隨時補充水份
NG 保特瓶&玻璃瓶飲料，吸管
淨灘裝備
麻袋，茄芷袋
WHY 拖地不會破，透水好清洗
烤肉夾
WHY 輕巧好用
淨灘手
ICC表格+夾板+筆
WHY 海邊垃圾分類紀錄
記錄手
磅秤
WHY 記錄所有垃圾總重
ⓘ 分類紀錄後，成果上傳至「愛海小旅行|海洋廢棄物平台」網頁

（節錄自：「國立海洋科技博物館」網站〈海科館淨灘活動介紹〉）

挑戰閱讀王

1. 依據上文中提到臺灣的國際淨灘行動，請問下列何者說明並不正確？

（A）淨灘後的海洋廢棄物會依來源分類記錄，是為了得到較精確的數據以利後續的研究

（B）全世界的國際淨灘行動都是由美國海洋保育協會主導執行，每年派員來臺帶領民眾淨灘

（C）淨灘行動目標之一就是以海洋廢棄物的記錄資料督促政府部門訂定法令或企業改善產品的製程或材料，以維護良好的海洋環境

（D）臺灣的黑潮基金會從 2000 年發起 ICC 淨灘，目前已經累計多年活動經驗與數據資料可供民眾與相關單位參考

2. 如果你要為全班設計一場淨灘活動，請問下列哪一項是你閱讀完上文後最可能選擇的方式？

（A）為了要徹底淨灘達到最大效果，活動規劃最好是一整天

（B）海科館的例行淨灘活動會有志工帶領，你可以為全班同學先預約報名

（C）宣導淨灘流程的時候要強調「場地復原」的重要性，因此可以留待最後步驟再進行

（D）淨灘活動中會有海邊美景心得分享，目的是希望大家可以拍照發文來吸引更多遊客觀光

3. 參考「淨灘穿著與裝備圖示」，請問下列何者不是準備這些物品衣著的理由？

（A）淨灘活動時常常會拖著撿拾的垃圾走動，因此好清洗又不容易破的麻袋、茄芷袋最適合

（B）建議攜帶雙肩背包，不但更輕便行動而且能空出雙手好做事

（C）海邊太陽很大，因此淨灘一定要先準備好各式防曬乳，比寬沿帽更能避免曬傷

（D）除了淨灘手之外，也別忘了記錄手，才能分類海邊垃圾留下可供海洋保育參考的記錄

4. 曾經有人倡議「淨灘不能眼不見為淨」，也有人主張「智慧淨灘，別讓淨灘越淨越髒」的概念，這兩者都在說明除了淨灘活動之外，我們還可以再對永續海洋有更深刻的思考。請問下列何者最不可能是人們倡議的內容？

（A）「不能眼不見為淨」是在提醒人們看不見的塑膠微粒對大自然傷害甚鉅，千萬不能輕忽

（B）「淨灘越淨越髒」是在提醒淨灘時別貪圖方便使用一次性雨衣手套，反而製造更多垃圾

（C）海漂垃圾要確實分類統計數據，這些數字「不能眼不見為淨」才能累積永續海洋的能量

（D）要準備瓶裝水和紀念品贈送給淨灘民眾，民眾就會用心淨灘，才不會「淨灘越淨越髒」

答案：1.（B） 2.（B） 3.（C） 4.（D）

關鍵向度短文

臺灣是一個四面環海的國家，珍惜並永續海洋資源是我們應具備的基本能力與態度，就像是環境部環境管理署的「全國揪團認養淨灘」粉絲團裡說：「有時間就參加揪團的淨灘一起去海邊撿廢，沒時間就從日常生活中的改變習慣來減廢！」

除了淨灘之外，你覺得在日常生活中還有什麼樣的行動也算是守護海洋的行為呢？請你利用以下五個關鍵詞，寫一則鼓勵人們參與海洋保護行動的短信吧！

完成之後，請將這封短信與身旁與社群的人分享並落實自己能夠做到的守護海洋行動。

關鍵詞：海洋、責任、守護、行動、永續

延伸知識

全球海洋公約

《全球海洋公約》（Global Ocean Treaty）是一份具有法律約束力的國際條約，是根據《聯合國海洋法公約》所制定，目的是協調各國行動，以保護公海的生物多樣性與確保其永續發展。

海洋保育法

目的在維護海洋生態環境，促進生物多樣性的保育，確保海洋生物資源的永續利用。同時，法案協調並推動海洋保護區的規劃與執行，並積極推展海洋保育教育，以提升公眾意識與參與。

海洋廢棄物

依「行政院環境保護署海洋廢棄物循環產品標章推動作業要點」所列，「海洋廢棄物」指遭棄置或經潮汐沖刷進入海岸或海洋環境之廢棄物。行政院環境保護署針對淨灘垃圾，將海洋廢棄物分為大 9 類，分別為：寶特瓶、鐵罐、鋁罐、玻璃瓶、廢紙、竹木、保麗龍、漁網漁具、其他垃圾等。

SDGs 目標 14

2015 年，聯合國宣布了「2030 永續發展目標」（Sustainable Development Goals, SDGs），其中的 SDGs 目標 14「保育及永續利用海洋生態系」，以確保生物多樣性並防止海洋環境劣化，對於四面環海的臺灣、與海洋朝夕相處的我們更是息息相關。了解 SDGs 目標 14 可以讓你珍惜在地、親近海洋，並且更了解保育及永續我們美麗地球的重要。

參考資料

- 國立海洋科技博物館淨灘網站
- 海洋委員會兒童網〈海保小尖兵〉
- 「GREEPEACE 綠色和平」網站〈綠色和平海洋勝利！近 20 年倡議，聯合國宣布通過《全球海洋公約》！〉
- 〈國際海洋環保倡議與國內海洋環境政策〉，《海洋委員會海洋保育署年報》
- 李**讃**虔〈塑膠微粒一微小的生態殺手〉，國科會「科技大觀園」網站
- 「B THINK 重新思考」網站〈台灣第一本海洋廢棄物圖鑑〉，社團法人台灣重新思考環境教育協會

18 穿山甲保育模範生

選文出題／黃淑卿

農委會生物多樣性研究中心（現改制為「農業部生物多樣性研究所」）野生動物急救站研究員詹芳澤醫師表示，這幾年穿山甲通報到特生的案例有增加的趨勢，這個現象從 2015 年開始，2018 年翻了一倍。一開始以為代表穿山甲數量變多、族群穩定成長，是好現象；然而在一次會議中發現，自動相機記錄到穿山甲的次數增多的同時，穿山甲棲地上出現的犬隻也增加了。另一現象是，穿山甲救傷次數增加，但其他動物救傷並沒有等比增加。

救傷中心近十年數據觀察：犬貓攻擊致傷比例明顯增加

相較於其他國家因中藥材等因素走私，臺灣穿山甲處境相對安全穩定，不過仍難敵棲地破壞、獸鋏和人類畜養或自由活動犬隻的威脅，其中獸鋏已受國家法令管制，野外數量可預期逐步減少，然而低海拔犬隻活動的跡象卻有增加的趨勢。

急救站統計因犬貓攻擊受傷而通報的案例，十年來（2011-2020）無論是野生動物或穿山甲都呈現增加趨勢。

「穿山甲是受犬隻攻擊數量最多的野生哺乳動物。」急救站如此結論。

另一項對比數據則為「獸鋏」，過去獸鋏是野外穿山甲致命的存在，十年來從五隻到四隻，雖有微幅起伏，始終維持平穩，也許是禁用政策奏效。

防禦力低，穿山甲遭犬傷數量比例最高

穿山甲雖全身都有鱗片，卻對外界刺激相當敏感，一驚嚇就全身蜷縮，外露的

尾巴成了攻擊目標，原本長長的尾巴，因為不同的犬咬程度而出現變化，甚至被咬得只剩下屁股。

尾巴對穿山甲有多重要？急救站獸醫師徐小晴說，穿山甲上下坡或爬樹都須尾巴維持平衡，育幼時，小穿山甲會巴著媽媽的尾巴。另外，穿山甲若連爬樹都做不到、走路都有困難，在野外將陷入險境。

不過也有些傷口不是從外觀就能察覺，有一個死亡個體經解剖得知，腹腔內側已積血，其中一顆腎臟潰爛，推測可能是犬隻利齒咬下當下，同時擠壓內臟器官所致。

犬傷穿山甲死亡率近五成，僅「天選之穿」得倖存

通報送到急救站存活的個體，還有更大的挑戰需克服。雖然救傷技術不斷提升，但穿山甲始終無法克服對外界的警戒。送到急救站的穿山甲，若非傷勢過重、不久死亡，就是過於緊張、不吃不喝，造成免疫力降低，引發多重器官衰竭致死，死亡機率逼近一半。

下表為急救站統計了成立以來（1993 年）至 2020 年遭犬隻攻擊通報穿山甲的預後處理情況：

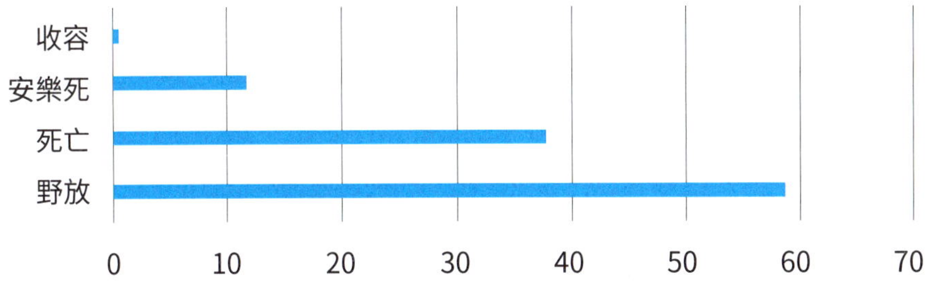

野放	死亡	安樂死	收容
58	38	12	1

1993 年至 2020 年急救站處理受犬隻攻擊受傷穿山甲後續狀況

保育穿山甲，專家建議從遊蕩犬隻管理做起

急救站從救傷過程中，逐漸摸索出值得參考的意見。最直接的方式是減少野犬數量，飼養方式不要放養；其次，有些民眾看到穿山甲，就送到救傷中心，但這反而讓穿山甲更緊張、影響健康。民眾可觀察穿山甲行走是否正常，身上有無血跡或傷口；如果牠已經捲起來了，就退後、站遠一點觀察。通常穿山甲意識到周遭沒有威脅時，就會慢慢張開。

（節錄自：廖靜蕙〈穿山甲保育模範生 躲過走私仍難逃浪犬威脅 十年救傷趨勢透玄機〉，「環境資訊中心」網站）

挑戰閱讀王

1. 原本穿山甲是顯示臺灣保育工作有成的模範生，但近年來死傷數量卻大幅增加，造成穿山甲傷亡的因素有很多，而下列哪一因素本文未提及？

（A）人類的獵捕，把穿山甲當作藥材販售
（B）遊蕩犬貓的獵捕，造成傷害導致死亡
（C）人類看到穿山甲就送至特生中心照顧
（D）穿山甲只會蜷縮保命的天性易遭攻擊

2. 從急救站所統計的 1993 ～ 2020 年遭犬隻攻擊通報穿山甲預後處理數據圖表可得知下列何者訊息？

（A）收容率高，目的是用人工飼養方式，以達成復育工作
（B）即使送至急救站，仍無法保證能充分治癒，死亡率高

（C）野放數量多，代表經過治療後穿山甲都能在野外生活

（D）穿山甲被送到急救站之後都會被安樂死，以減少痛苦

3. 被送至生物多樣性研究中心野生動物急救站的穿山甲，即使傷口已經處理，但仍然拒絕進食，最終因免疫力下降而死亡。這反映了在救治穿山甲上面臨哪種挑戰？

（A）穿山甲的身體復原能力差，無法在修復期進食

（B）穿山甲的嗅覺極為敏感，無法食用人工的食物

（C）穿山甲的傷口無法從肉眼判斷，錯失救治良機

（D）穿山甲對外界環境極度敏感，容易因壓力致死

4. 為了保育穿山甲，專家建議應從遊蕩犬隻管理做起，下列何者是較具可能性的做法？

（A）把野外犬隻集中管理，馴化至不具攻擊性

（B）對遊蕩犬進行結紮，鼓勵民眾認養不棄養

（C）餵食遊蕩犬，牠們吃飽就不會攻擊穿山甲

（D）鼓勵民眾放養犬隻，和野犬產生生態平衡

答案：1.（A） 2.（B） 3.（D） 4.（B）

關鍵向度短文

從文章可知因棲地被破壞、受獸鋏的傷害和遊蕩犬的攻擊，臺灣的穿山甲目前遭遇了生存的危機，而在臺灣除了穿山甲，還有哪一種生物（動植物皆可）也同樣面臨著數量銳減命運？

請你用以下五個關鍵面向串成短文，說說你的觀察。

關鍵詞：生物名稱、活動空間、生活特性、面臨危機、如何解決

延伸知識

穿山甲

臺灣穿山甲（Manis pentadactyla pentadactyla）分布於臺灣，又稱臺灣鯪鯉、悶仔、土龜，身上覆有鱗片，以螞蟻和白蟻為食的哺乳動物，屬中華穿山甲的一個亞種，也是臺灣的一個特有亞種；因棲地流失及人類過度捕食等因素瀕臨絕滅。臺灣穿山甲於 1989 年列名於「野生動物保育法」之珍貴稀有保育類野生動物；「臺灣陸域哺乳類紅皮書」則評估列為「國家易危（NVU，Nationally Vulnerable）」類別的名錄中。

中藥穿山甲

穿山甲的鱗片具有活血化瘀的功能，導致穿山甲在中國一直被當做中藥，數量大幅減少。不過在武漢肺炎疫情爆發之後，穿山甲一度被懷疑是可能的病毒宿主。基於防疫和保育的理由，中國官方最新出版的 2020 年《中國藥典》，正式將穿山甲除名，不再列為處方。

動物外交官

2020 年 1 月，捷克的首都布拉格和臺北締結為姐妹市，為了象徵友好，臺北市立動物園於 2022 年 4 月 15 日將兩隻穿山甲「果寶」和「潤喉糖」送到布拉格。這種方式叫做「借」，是指將動物送到原棲息地之外，住在安全的環境中，讓物種的數量增加，達到保育的目的。

參考資料

- 本庄萌《世界的浪浪在找家：流浪動物考察與關懷手記》（楊明綺、葉韋利 譯），木馬文化出版

- 彼得．克里斯蒂《愛為何使生物滅絕？在野生動物瀕危的時代，檢視我們對寵物的愛》（林潔盈 譯），貓頭鷹出版
- 白心儀《擁抱，台灣的精靈：草鴞．穿山甲．黃喉貂．大赤鼯鼠．白面鼯鼠．白海豚．鯨豚追蹤全紀錄》，時報出版
- 鄭潔文《穿穿的地洞》，聯經出版

19

臺灣的朝聖之路

選文出題／黃淑卿

農曆年後，臺灣迎來宗教界盛事；白沙屯拱天宮媽祖搭乘鑾轎，領著逾十萬名香燈腳前往北港朝天宮進香，媽祖指示、路線不定，常有驚奇；祂沿途深入鄉間、阡陌，聞聲撫慰人心，最是暖心。

大甲鎮瀾宮媽祖則是起駕前往新港奉天宮遶境進香，宗教、表演陣頭如織，鑼鼓喧天，炮聲不斷，展現的廟會文化最是熱鬧。

民間也動起來；沿路善心人士提供免費餐食、飲料、貼布，設按摩站，「累了請上車」讓香燈腳、隨香客歇腳，香路上的住戶提供免費住宿，海線醫院組成醫護聯盟……大家無私奉獻，皆為了成就媽祖與朝聖者的進香任務。

「平時，你會在路邊不停的煮餐食免費供大家食用嗎？你會隨意搭人家的便車嗎？你會隨意讓陌生人們到家中上廁所、住一晚嗎？但這是媽祖進香時的風景，是臺灣人展現互助、團結與共好的體現。」臺中教育大學臺灣語文學系副教授何信翰說。

臺灣的媽祖信仰特色

「日治時期臺灣總督府調查，臺灣人口600萬人，信仰媽祖者佔四分之一。」空中大學人文學系教授蔡相煇說，時至今日，媽祖是臺灣最普遍的信仰，「分靈」更遍及海內外。

中央研究院民族學研究所兼任研究員林美容表示，臺灣是海島型國家，媽祖隨先民從中國湄洲傳來臺灣，已從「出海媽祖」轉型成「過海媽祖」，拓墾過程中從海神轉變為水神或水利神，進而具有農業神的性格；媽祖因人們的各式需求發展出臺灣的信仰特色。例如說，中國廣東多稱媽祖為天妃或天妃娘娘，臺灣人則稱「媽祖婆」；臺灣的媽祖神像有雍容富貴，或黑面鎮煞等神態，與大陸消瘦的「粉面媽」形成強烈對照，媽祖信仰已然「臺灣化」。

何信翰也舉例，媽祖在中國原是少女，在臺灣是慈祥的媽媽形象，男女老少皆向祂傾訴，是臺灣人的「媽媽」。

三月迎媽祖

媽祖因靈驗事蹟多而聲威遠播，許多信眾求取香火供奉在廟宇或自家，兩廟（或自家）因分靈（或稱分香）而形成祖廟與分靈廟的關係。林美容說，分靈的神明會到香火來源地進香「謁祖」，有些廟宇會到外地歷史悠久且香火鼎盛的媽祖廟「進香」，割取對方旺盛的香火，皆在更新、興旺自己本地媽祖的香火，進香回鑾，媽祖會在其轄境遶境（或稱巡境、「運庄」），賜福村莊。

農曆 3 月 23 日是「媽祖生（má-tsóo-senn）」，之前，廟方與信眾透過進香，媽祖回鑾後舉行遶境、拜拜等慶典，恭祝媽祖聖誕千秋。近年，媽祖進香、遶境經由社群傳播、媒體報導，參與人數逐年擴大，以大甲媽祖遶境進香、白沙屯媽祖進香、北港朝天宮迎媽祖（遶境）最為盛大，文化部指定為「國家重要無形文化活動資產」，吸引國內外人士參加，民間團體甚至開發 app、網路直播，讓民眾隨時「與神同行」。

臺灣知名「迎媽祖」
Well-known Mazu processions in Taiwan

宮廟 Event	日期 Date	特色 Features
大甲媽祖遶境進香 Dajia Mazu Pilgrimage	農曆 1 月 15 日擲筊確定 Decided by casting divination blocks on the 15th day of the first lunar month	陣頭規模盛大 Many boisterous performance troupes

白沙屯媽祖進香 Baishatun Mazu Pilgrimage	農曆 12 月 15 日擲筊確定 Decided by casting divination blocks on the 15th day of the 12th lunar month	媽祖擇路，路線隨機 Improvised route chosen by Mazu during pilgrimage
北港朝天宮遶境 "Welcoming Mazu" at Beigang's Chaotian Temple	農曆 3 月 19、20 日 19th and 20th days of the third lunar month	陣頭、藝閣、犁炮深具特色 Performance troupes, *yige* floats, "plowing firecrackers"

（節錄自：郭美瑜〈台灣的朝聖之路 迎媽祖〉，台灣光華雜誌，2024 年 4 月號）

挑戰閱讀王

1. 媽祖進香活動不僅是宗教儀式，沿途居民提供的各項支援形成了臨時性的社會網絡。無論是供餐、醫護服務、還是免費住宿，都讓參與者能在陌生的路途中感受到溫暖。這樣的活動除了宗教意涵之外，最能反映出哪項社會功能？

（A）藉由眾多信徒的消費，帶動地方觀光收益，全民均富

（B）透過自發的互助行為，強化地方認同感與社會凝聚力

（C）表現媽祖信仰的普遍性，鼓勵大眾尋求宗教信仰的慰藉

（D）幫助政府執行社會福利政策，讓弱勢團體可以飽餐安眠

2. 雖然媽祖是先民從中國湄洲傳至臺灣，但如今在臺灣，媽祖已發展成和中國截然不同的形象，請問下列的形象和象徵意義何者錯誤？

選項	媽祖在中國	媽祖在臺灣	此改變反映出的現象
(A)	海神	水神或水利神	臺灣為海島型國家的航海冒險精神
(B)	天妃或天妃娘娘	媽祖婆	臺灣更注重日常生活的親和性與情感連結
(C)	消瘦的粉面媽	雍容富貴、黑面鎮煞	反映出先民面對瘟疫、動盪時的心理需求
(D)	多以少女的形象呈現	慈祥母親形象	展現出母性溫暖與庇護眾生的特質

3.「三月瘋媽祖」是指臺灣在農曆三月期間，全臺各地舉辦盛大媽祖遶境進香活動時，信徒和民眾熱情參與、瘋狂投入的現象。居住在日本的國中生花柚子一家也久聞盛名，他們全家預計農曆三月來臺灣旅遊參與遶境，花柚子對陣頭文化最感興趣，花爸是計畫控，凡事喜歡先做好規劃，花媽則是喜歡熱鬧能參加越多場越好。根據以上三個條件，你要推薦花家參加下列哪個組合的媽祖遶境活動？

(A) 大甲媽祖＋白沙屯媽祖
(B) 白沙屯媽祖＋北港朝天宮
(C) 大甲媽祖＋北港朝天宮
(D) 大甲媽祖＋白沙屯媽祖＋北港朝天宮

4. 媽祖遶境進香活動除了慶祝媽祖誕辰外，還有一項重要的文化意涵，即是透過進香與分靈來維繫廟宇間的關係，並祈求平安與庇佑。請問，分靈廟宇前往祖廟進香的行為，最主要象徵著什麼？

（A）廟宇之間的經濟合作與文化交流

（B）延續香火與強化信仰根源的認同

（C）信徒藉由行腳凸顯自己的忠誠度

（D）顯現不論大小的廟宇都有故事性

答案：1.（B） 2.（A） 3.（C） 4.（B）

關鍵向度短文

媽祖遶境已被文化部指定為「國家重要無形文化活動資產」，每年皆吸引數十萬名國內外人士參加，民間團體甚至開發 app、網路直播，讓民眾隨時「與神同行」。如果你有機會參加臺灣的媽祖遶境進香活動，根據文章內容，你會看到哪些景象和文化特色呢？現在請你化身為 YouTuber 為不能親臨現場的網友們介紹這一盛事吧！

請運用以下五種感官將你的所見所感所聞描述出來：

1. 視覺 2. 聽覺 3. 嗅覺 4. 觸覺 5. 心覺

延伸知識

香燈腳

「香燈腳」是自清代以來，對參與媽祖進香活動信徒的普遍性稱呼。已近 200 年的苗栗拱天宮白沙屯媽祖進香，也採用這個傳統詞彙來稱呼參與進香的信徒，雖然當今臺灣各地宮廟多已採國語用法將信徒稱為「進香客」，白沙屯媽祖進香仍沿襲傳統用語。

分香

又稱分靈，是指到宮廟求取神明的香火回去供奉。一般來說，信徒或地方新建廟宇若要供奉某一尊神明，往往先到歷史悠久、神蹟顯赫的大廟，只要擲筊獲得神明首肯，即可求取神明香火的靈力。經過分香的儀式處理之後，新塑的神象被視為大廟神明的分身，具有相近的靈力，但需參加祖廟祭典，定期回到祖廟進香刈火，經由過爐、乞火等儀式，才能增添或保持神尊的靈力，並確認兩廟之間的香火淵源。

回鑾

本義指舊時君主巡幸各地後還宮，此處指媽祖神轎踏上回程。

陣頭

「陣頭」一詞來自福州、閩南等中國沿海地區，源自中國的傳統民俗技藝，是民間祭祀、廟會喜慶的一部分。為了感謝神明的保佑，社區居民在神明出巡時隨隊護衛，延伸出邊走邊表演或沿街定點演出的形式，表演的內容擷取自雜技、小戲。目前陣頭數量、種類以臺灣南部最多。

參考資料

- 林美容《媽祖信仰與台灣社會》，博揚出版
- 蔡相煇《臺灣的媽祖信仰》，獨立出版
- 張家麟、曲兆祥〈論台灣媽祖信仰的「擴張性」— 2009 年大甲媽祖遶境進香實證分析〉，《Journal of Data Analysis》7 卷 1 期，2012/02
- 姚文琦《台灣媽祖信仰的進香態度及其變遷 - 從信眾的觀點進行觀察》，世新大學社會發展研究所碩士論文，2002

20 遺物整理師的告白

選文出題／黃淑卿

「你好，我是收納幸福廖心筠，我是你女兒預約來的，我今天會幫你把這裡還原，希望我們可以順利完成，幫你搬家到天堂。」這是遺物整理師廖心筠在工作開始前會對死者說的話。

有人陪的遺物整理，不一樣的道別

臺灣文化裡，普遍的人都覺得自己親人的遺物自己收拾就好，沒有必要去找外人來收拾。會尋求遺物整理師幫助的人，多半是因為沒有辦法面對已故親人的遺物，會很難過、很悔恨、很捨不得，因為不願接受親人「已經死掉了」這件事情。而透過整理師在一旁的協助，可以更有效率的完成遺物整理，也可以讓在世者好好的跟往生者說再見。

理性的整理，更快道別悲傷

整理遺物需要感性兼顧理性，感性在於對物品歷史意義的營造；理性在於不可以把情緒帶入，要把悲傷放下來。遺物整理師需要陪著家屬一起整理，但為了避免家人什麼東西都想留住，所以會有一套 SOP 幫助家人斷捨離。

遺物整理有三個環節，最外圍的就是一進去家門要處理的東西，例如壞掉的食物、壞掉的家具、不能用的物品等等「毀壞」的東西，可以用最快的速度處理掉。

第二環是往生者平常用的東西，比方說衣服、包包，這一環就有點重要， 因為貴重物品可能會出現在這裡，需要好好找他最重要的東西。

至於最核心的部分就是信件跟照片。別看相片小小一張，它承載著紀念與回憶，是最難也是最崩潰的橋段。

還有多數人最看重的金子，廖心筠說會在開始整理之前，就先請委託者提供一個紅色的臉盆，或是顏色顯眼的容器，方便在開始整理之後能在一片狼藉中，集中存放找到的貴重物品。

整理遺物最動容的部分就在於，已經逝去的東西在整理的過程中，產生一種與過去連結的回憶；而在回憶中感受到你們曾經擁有的時光，或是對逝去的人的一種懷念。最無情的部分則在於，詩化的語言讓遺物整理聽起來好像是在幫死者整理東西，實際上只是把東西丟掉，讓活著的人可以把房子占為己有。

遺物整理不是看你丟掉了什麼，而是看我們留下了什麼。

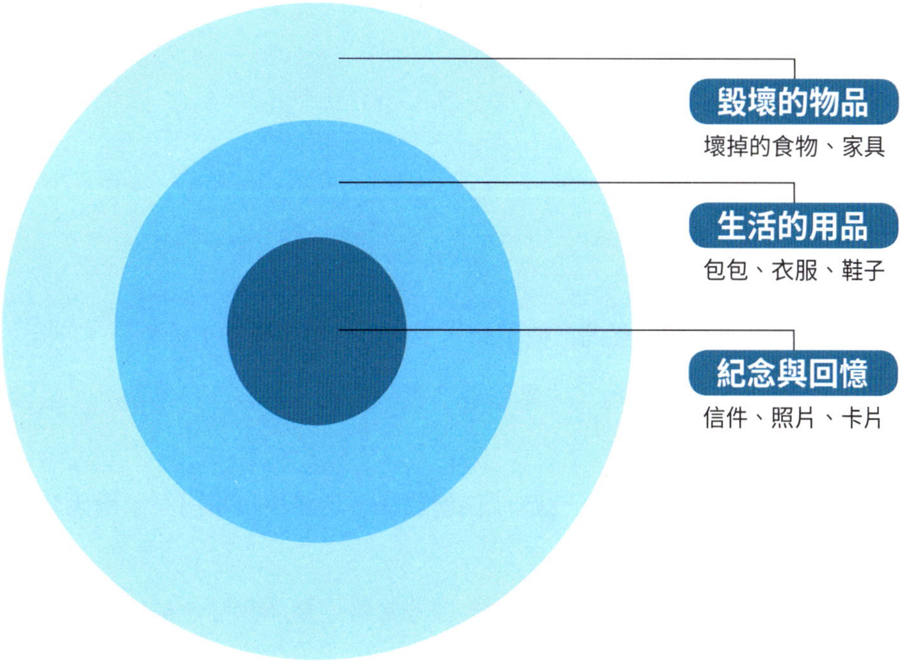

遺物整理的三個環節，由外往內依序整理。

面對死亡，是我們最後的功課

在死亡來臨前，先整理好自己的遺物也未嘗不可，因為只有我們自己能分辨到底什麼東西才是我的寶貝。把不要的東西早點斷捨離，省得你的愛人整理的時候，每個東西拿起來都想到你，留下的越多，反而讓他越痛苦。

自己做遺物整理和別人做遺物整理不太一樣。整理自己的遺物是讓我們回顧自己的人生有哪些精采、哪些悔恨、哪些來不及，讓我們重新審視自己的明天應該怎麼過得更美滿；而幫別人整理遺物則是尋找一些物品來緬懷那位你再也無法跟他說話的人，用物品證明他與你生命交疊過的軌跡。

（節錄自：曹舒涵、黃子珊〈遺物整理師的告白 學會好好說再見〉，輔大新聞傳播系教學實驗媒體「生命力新聞」網站）

挑戰閱讀王

1. 文章提到遺物整理的三個環節，下列哪一項的描述正確？

（A）由內往外整理，先處理最珍貴的遺物，再整理日常用品，最後清理損壞物品

（B）由外往內整理，先清理損壞物品，再整理日常用品，最後處理帶有回憶的物品

（C）先整理照片與信件，因為這些是最重要的物品，最後才丟棄損壞的東西

（D）依照家屬的需求決定順序，沒有固定的整理流程

2. 文章提到：「遺物整理不是看你丟掉了什麼，而是看我們留下了什麼。」這句話的涵義是什麼？

（A）整理遺物的重點不在於丟棄，而是在於保留有意義的回憶

（B）整理遺物時應該將所有物品分類整理好，留越多物品越好

（C）整理遺物時要拋開悲傷的情緒，理性客觀的留下親人遺物

（D）整理遺物時要丟掉不重要的物品，只保留價格昂貴的物品

3. 根據文章內容，如果客戶聘請遺物整理師——廖心筠到家裡整理親人的遺物，下列何者是不會發生的？

（A）客戶因為親人過世，太過悲傷無法面對親人的遺物，所以找了整理師

（B）廖心筠工作前會先和死者說話，說明自己的身分和到來的原因、目的

（C）客戶提供一個顯眼的紅色臉盆給廖心筠，裝親人所遺留的貴重物品

（D）包包、衣服、鞋子是日常用品，所以一開始就要丟掉，以節省空間

4. 根據文章內容，遺物整理師遺物整理的主要任務是什麼？

（A）幫助亡者整理遺物、完成遺願，讓他們安心離開

（B）協助家屬快速清空房子，以便把悲傷的情緒拋開

（C）讓在世者回憶與逝者的連結，並幫助和亡者道別

（D）收集亡者的貴重物品，讓家屬有更有的財產繼承

答案：1.（B） 2.（A） 3.（D） 4.（C）

關鍵向度短文

「人有悲歡離合，月有陰晴圓缺，此事古難全。」生離死別是人生必經的歷程，也是令人最傷懷的。整理遺物整理的不只有物品，還有情緒，當自己還在世時，整理自己的遺物是讓我們回顧自己的人生有哪些精采、悔恨和來不及。如果要保留一項你的遺物，你會保留哪一項物品？而你為何要保留這項物品？它背後有什麼故事？

請你透過以下五個關鍵向度，具體描述自己的「遺物」。

關鍵詞：物品名稱、物品外觀、物品來歷、物品價值、物品意義

延伸知識

遺物整理師

遺物整理師是一門特殊的職業，專門協助人們處理離世親人的遺物，並提供情感上的支持和專業的指導。

棺材告白者

負責履行客戶的遺願，確保不敢說的心聲被聽見。

同心圓理論

第一個解釋都市社會結構的一種理論。柏格斯（Ernest Watson Burgess）於西元 1924 年提出，將人文區位學理論應用在對芝加哥的分析，解釋不同社會群體在都市區域內的分布，依土地利用空間結構形式，呈現出五個同心環狀地帶，最核心為中心商業區，再來分別為工廠與過渡區、工人住宅區、住宅區、通勤區。

參考資料

- 金完《我是遺物整理師》（馮燕珠 譯），遠足文化出版
- 盧拉拉《我是人生整理師：死亡清掃╳遺物整理╳囤積歸納》，尖端出版
- 比爾．埃德加《棺材告白者：有些遺願不會默默進墳墓》（甘鎮隴 譯），方智出版
- 大師兄《你好，我是接體員》，寶瓶文化

給力推薦

在知識瞬息萬變的 AI 時代，語文素養早已不只是背誦標準答案的能力，而是一種活用於日常的思辨力與生存力。閱讀，從來不只是校園或課室裡的功課，它是一張通往世界的通行證，用來理解他人、認識自我的方式。

《國語文閱讀素養》由五位長年深耕教學現場的國中國文教師共同編寫，結合多元文本與閱讀策略，引導學生將所讀延伸至生活情境。書中設計了「挑戰閱讀王」、「延伸知識」等單元，幫助讀者聚焦觀點、練習判讀、學會提問與思辨，真正感受到素養所帶來的改變力量。

閱讀是認識自己的一面鏡子，也是與世界對話的起點。這是一本將語文根基轉化為生活力與表達力的實用之書：從連續性文本的深度理解，到非連續性文本的圖文解碼，搭起從閱讀到思考、從思考到表達的橋梁。它也是為新世代量身打造的閱讀素養書，誠摯推薦給每一位相信閱讀價值的朋友們。

—— **宋怡慧｜新北市立丹鳳高中圖書館主任**

這套書的內容收錄各家出版社及各類型作家的大作，內容涵蓋生活、知識、教育、情緒、古今等有意義與價值的豐富文本，更邀請任教於國中國文科的五位教師群，藉由解析、題意測驗來養成素養，讓孩子加深加廣對閱讀的主題，就能協助孩子在閱讀檢測從敗局中再站起來。

其實連我這樣一個作家，翻開這套書時，眼睛都亮了，這才明白為什麼閱讀素養需要有專業的老師帶領學習。孩子有了《國語文閱讀素養》這套書，肯定能打造屬於自己既深且廣的閱讀理解力。

現在，我以這套書實際運用在我所帶領的學團孩子身上，讓他們利用課堂最後三分鐘「限時閱讀」，做完即刻作題，慢慢養成閱讀素養的慣性。因此，不管是面臨會考的學生還是帶領孩子閱讀的老師，閱讀力的培養就從《國語文閱讀素養》套書輕鬆入門，養成簡單。

——李儀婷｜薩提爾親子教養專家

現今的學生、父母和老師，面對「閱讀素養」，大多知道是通往未來世界的核心能力，卻不完全了解該如何培養及協助學生增進閱讀力。

很高興看到五位來自臺灣各地中學語文老師透過多元選文，經由文本的引導與練習，培養閱讀素養與思辨能力，出版了這套《國語文閱讀素養》。上下兩冊分別選擇連續性文本及非連續文本，跨越科學、議題、文學、藝術……。從文本閱讀到閱讀後的試題挑戰，搭配短文表達練習，更貼心的提供延伸知識和參考資料，無論自學或是共讀應用，都是非常好的素材。想要提升閱讀力，這套書值得擁有，推薦給您！

——邢小萍｜臺北市古亭國小校長

《國語文閱讀素養》是為青少年量身打造的閱讀寶藏！這套書分為上下兩冊，一冊專注「連續性文本」，如故事、散文，帶你沉浸在文字的情感與邏輯；另一冊聚焦「非連續性文本」，如圖表、廣告，教你迅速解讀生活中的資訊密碼。

這種分類靈感源自國際學生能力評估計劃（PISA），其閱讀框架將文本分為連續性文本（像新聞、小說，強調脈絡理解）與非連續性文本（像清單、地圖，注重資訊提取）。PISA 自 2000 年起用這一方式評估全球 15 歲學生的閱讀能力，模擬真實情境，也影響了臺灣 108 課綱的閱讀課程設計，讓學生全面鍛鍊多元閱讀能力。

本書由深耕國中閱讀教育多年的教師精心選文，涵蓋自我成長、科技、公民意識等多元主題，從實用知識到哲學思考、從古文到今文，內容豐富不單調。書中「挑戰閱讀王」測驗與「關鍵向度」練習，有如闖關任務，引導讀者將閱讀與生活連結；「延伸知識」則像知識探險地圖，開拓你的視野。無論是細品文字的溫暖，還是破解數據的奧祕，這套書都能讓你讀得開心、想得透徹。

《國語文閱讀素養》不只助你迎接閱讀測驗的挑戰，更讓你愛上探索世界的樂趣，成為理解自我與社會的閱讀達人！快來翻開，開啟你的閱讀冒險吧！

——林玫伶｜清華大學客座助理教授

我在教育現場致力閱讀教育數十載，始終難忘約翰·洛克（John Locke）名言：「好書對青少年的成長乃至一生，都會產生深遠的影響。閱讀只是給頭腦提供認識的材料；思考才使閱讀的東西成為自己的。」所謂「學而不思則罔，思而不學則殆」，說的正是這個道理。知識不囿於記誦，更高的閱讀層次是「以心印心」，融會貫通，胸中自有丘壑，方能與古今作者互搏或共鳴。

當代青少年閱聽模式常流於破碎化或淺碟化，喜見《國語文閱讀素養》精選各類文本，更透過素養導向的題組設計，引導學生思索，如此便搭起了學習鷹架，循序漸進，自學教學兩相宜，本套書堪稱學思合一法門的寶典，期待讀者們能就此書拾級而上，達到杜甫的「會當凌絕頂，一覽眾山小」的絕妙境界。

——柯淑惠｜臺北市木柵國中校長

當孩子說「國文很難」、「看不懂文章」、「不曉得怎麼寫答案」時，我總是既心疼又無奈。語文學習之所以困難，往往不是孩子不努力，而是缺乏引導——缺乏一套能兼顧理解力、表達力與思辨力的閱讀工具。語文，不該只是為了考試而讀，更應是幫助孩子理解世界、傾聽他人、表達自我的橋梁。

遠流這套《國語文閱讀素養》正是為此而生。全書由第一線國中國文老師群合力編寫，分為連續性與非連續性文本兩冊，每冊精選 20 篇來自不同出版社與作家的優質作品，題材多元、視角豐富，貼近青少年的學習與生活經驗。搭配素養導向的題型設計、文本解析、短文書寫練習與延伸思考，讓孩子不只是「讀得懂」，更能「說得清、寫得出」。

這不是一本制式的教輔書，而是一套真正能引導孩子愛上語文、看見思考力的教材。願這套《國語文閱讀素養》，成為孩子學習路上一盞溫暖且實用的閱讀燈光。

——陳怡嘉｜國文教師、作家、講師

這兩本《國語文閱讀素養》，好看！它有趣到讓人不知不覺一篇接著一篇讀下去。為什麼？因為每篇文章的設計節奏抓得剛剛好：一開始是引人入勝的選文，接著立刻進入「挑戰閱讀王」——幾道不難的小題目，不但可以自我檢查讀懂多少，還會引導我們回頭重看文本，重新體會文字的味道。

然後是我最喜歡的「關鍵向度短文」，它就像一道有鷹架的開放式問題，帶著我們把閱讀內容連結到自己的生活。最後還貼心附上「延伸知識」與「參考資料」，讓學習自然延伸，越讀越有感。

更漂亮的是——這些文章不是各自獨立的，而是有「主題設計」的！像是第一部就以「自我精進與規劃創新」為主題，搭配多篇不同類型的文章（有白話文，也有文言文）。的確，想掌握一個重要概念，光看一篇文章是不夠的，要看一組文本才行！

這套書非常適合 10 歲以上的孩子閱讀，也很適合國小、國中，甚至高中職的老師教學使用。其實，就算不是老師，只要你對語文、對思考有興趣，這本書也非常值得一讀——因為它不只是教語文，更是教思考、教表達、教生活！

——陳欣希｜臺灣讀寫教學研究學會創會理事長

就中小學生而言，一本好書要教知識，也教學習。書籍內容頂多只是「他人的」資料，唯有經過理解、思辨、運用，才能轉化為「自己的」知識。而「學習」，就是學會「理解、思辨、運用」的觀念及方法，以此能力吸收知識。

本書的高明處即在於融會「教知識」及「教學習」，上冊指引「連續性文本」閱讀策略，下冊則結合「連續性文本」和「非連續性文本」，培養「混合文本」閱讀技巧。精熟本書，還能將AI給的「資料」轉化為「知識」。酷吧！

——黃春木｜臺北市立建國高中歷史科教師

在AI奔流的時代，閱讀與思辨是孩子探索世界的重要能力。《國語文閱讀素養》套書，上冊就連續文本訓練文意理解，下冊以非連續文本強化圖表解析，從文學性的散文、小說，到生活化的廣告、地圖、說明書，選材新穎豐富，命題多元活潑。我尤其喜歡每回最後「短文寫作」小單元，不僅深化文本內涵，更啟發孩子們的自主思考與寫作力。

當短影音壓縮世界的厚度，《國語文閱讀素養》帶來具體的光源指引，期盼孩子們都能成為「通情達理」的未來新公民。

—— **詹佳鑫**｜**《學霸作文》作者、國立新竹高中國文科教師**

多元、字數多、需思辨，是這幾年臺灣升學考試題目的特色。113年會考國文的字數超過一萬字，社會科也超過九千字。許多學生沒有考好的原因，追根究底是讀不完、讀不懂。因此多元的閱讀在這個時代變得無比重要。

非常高興遠流出版公司邀請全臺灣最強的國語文教師，爬梳近代的文本，精挑細選，編出《國語文閱讀素養》。這套書籍不僅文本多元，而且藉由解析及測驗素養題，引導孩子可以深入了解文本，以及學習觀點的表達。

如果朋友們想要加強學生閱讀及解題的能力，很推薦這一套專業又用心製作的好書。

—— **蔡淇華**｜**臺中市立惠文高中圖書館主任**

現在的語文學習，早已不只是背課文、記詞語，而是為了培養孩子面對未來社會的思辨力與解決力。無論是學校大小考試、PISA 國際測驗，還是國中會考的閱讀試題，都早已朝向「素養題型」的方向轉變。

這套《國語文閱讀素養》雙冊，正是為了這個轉變而設計的。它從連續性與非連續性文本切入，題材貼近生活，題型對接會考，讓孩子在理解文本的同時，練習統整、推論與表達，逐步培養真正能轉化為成績的能力。它不僅僅是應試的工具書，更要讓孩子將閱讀能力活用於生活，解決實際問題。

作為校長、作為媽媽，我清楚知道家長最在乎的是：「學了這些，對考試有幫助嗎？」我的答案是：除了分數，我們還要給孩子更多，尤其是在孩子未來的閱讀視野與自我信心上！這是一套真正為考試而不失深度、為素養而不脫實用的好書。

—— **顏安秀**｜**基隆市東光國小校長**

生成式 AI 怎麼用最好？碰到霸凌該怎麼辦？ EMOJI 又有最新圖案，背後有什麼意義……不斷冒出的時代新知再也沒有萬能大人可以解答了！

增進閱讀素養不只是為了考試學習，而是讓孩子「自行訓練」一位 24 小時全年無休的良師益友，陪伴他們度過人生的考驗與挑戰。

《國語文閱讀素養》是素養學習本，帶領孩子透過閱讀延伸有興趣的事、接觸有點興趣但又陌生的文本、探索視為理所當然從未想過的事，這麼說起來也像是一本類人生指南呢！

—— **羅怡君｜閱讀推廣講師、作家**

NOTE

NOTE

NOTE

國家圖書館出版品預行編目 (CIP) 資料

國語文閱讀素養 . 2, 非連續性文本閱讀理解大提升 / 吳昌諭 , 林季儒 , 施錦瑢 , 黃淑卿 , 蔡思怡編著 . -- 初版 . -- 臺北市 : 遠流出版事業股份有限公司 , 2025.06
面 ;　公分
ISBN 978-626-418-204-1(平裝)

1.CST: 漢語教學 2.CST: 閱讀指導 3.CST: 中小學教育

523.311　　114005714

國語文閱讀素養

② 非連續性文本閱讀理解大提升

編著——吳昌諭、林季儒、施錦瑢、黃淑卿、蔡思怡

主編——林孜懃
美術設計——王瓊瑤
行銷企劃——鍾曼靈
出版一部總編輯暨總監——王明雪

發行人——王榮文
出版發行——遠流出版事業股份有限公司
地址——104005 臺北市中山北路一段 11 號 13 樓
客服電話——(02) 2571-0297
傳真——(02) 2571-0197
郵撥——0189456-1
著作權顧問——蕭雄淋律師
ISBN——978-626-418-204-1

2025 年 6 月 1 日 初版一刷
定價——新臺幣 380 元
(缺頁或破損的書，請寄回更換)

遠流博識網 http://www.ylib.com
E-mail: ylib@ylib.com
遠流粉絲團 https://www.facebook.com/ylibfans